JN056138

幼児から民主主義

スウェーデンの保育実践に学ぶ

エリサベス・アルネール＋ソルヴェイ・ソーレマン
伊集守直・光橋翠訳

新評論

訳者による解説

（光橋　翠）

スウェーデンにおける保育・幼児教育について

本書を読む前に、スウェーデンの保育・幼児教育の事情について大まかに説明しておきます。日本の制度とは大きく異なるため、本書の背景として、スウェーデンの事情を念頭に置きながら読み進めていただければと思います。

スウェーデンでは、一九六〇年代の経済成長に伴う女性の社会進出をきっかけとして保育の拡充政策が行われてきました。スウェーデンでは、終日保育を行う「daghem（ダーグヘム）」（日本の保育園）と短時間保育を行う「lekskola（レクスコーラ）」（日本の幼稚園）がそれぞれ発展し、併存していましたが、一九七五年に名称が「就学前学校（förskola（フォースコーラ））」に統一されて一元化の基礎がつくられました。

一九八〇年代の保育施設の量的拡大を経て、一九九六年、本格的に「daghem」と「lekskola」が統合され、一歳から五歳の子どもが通う「就学前学校」となりました。そして、管轄が社会省・

社会庁から教育省・学校庁に移管となりました。これにより、保育事業は教育制度の一つとして「学校法」の下に位置づけられ、保育者は正式に学校教師の地位を得ることになりました。

なお、スウェーデンに「〇歳児保育」がないのは、両親のための育児休業制度が充実しており、〇歳児は家庭で保育が行われることが前提となっているからです。また、就学前学校のほかに、利用者は少ないですが、「教育的保育（pedagogiskomsorg）」という、保育者が自宅で保育と教育を行うという形態もあります。

一九九八年には、日本の「幼稚園教育要領」、「保育所保育指針」、「子ども園教育・保育要領」にあたる「就学前学校カリキュラム（Läroplan för förskolan 98：Lpfö 98）」が公布され、就学前学校の任務や教育内容の方向性が示されました。この就学前学校カリキュラムは、二〇一〇年、二〇一六年、二〇一八年にそれぞれ改訂されています。

一九九八年のカリキュラムの公布と同時に、六歳児には幼少接続の教育を行う「就学前クラス（förskoleklass）」が設けられ、日本の小学校と中学校に相当する基礎学校（七歳から一五歳まで）の管轄に移行されました。なお現在、スウェーデンの義務教育課程は、二〇一八年に義務化されたこの就学前クラスと基礎学校の期間を合わせた合計九年間となっています。

もう一つ、日本では幼稚園教諭や保育士にあたる、就学前学校での教師の資格について説明しておきます。

就学前学校の教師（förskollärare）の資格は、大学で三年半の教員養成コースを履修し、学士を取得した人が得ることができます。そのほかに準保育士（barnskötare）というものがあり、こちらのほうは高校で三年間の「子どもと余暇コース（Barn och fritidsprogrammet）」を選択し、学んだ人がなることができます。

就学前学校では、教育内容に責任をもつ教師が中心となって準保育士と保育チーム（スウェーデン語では「ワーク・チーム（arbetslaget）」と呼ばれていますが、本書では「保育チーム」と呼ぶことにします）を組んで一クラスを担当します。一般的には、一クラスの子どもの数は一五人前後で、保育チームは三人で構成されています。スウェーデンの保育制度の詳細については、『スウェーデンに学ぶドキュメンテーションの活用』（白石淑江編著、新評論、二〇一八年）を参照してください。

なお、本書では、スウェーデンの保育・幼児教育施設の名称として、「就学前学校」を使用しています。そして、日本で園長にあたる責任者を「校長」と訳しました。ただし、「園庭」については、上記に倣って「校庭」と訳すべきところですが「園庭」としました。というのも、スウェーデンも日本の幼稚園と同じく、園庭を重視したフレーベル（Friedrich Wilhelm August Fröbel, 1782～1852）の影響を受け継いでおり、日本の保育・幼児教育施設の「園庭」により近いものとなっているからです。

就学前学校カリキュラムにおける民主主義の位置づけ

就学前学校での教育活動は、すべて先に述べた「就学前学校カリキュラム」をもとにして、就学前学校に勤めている教師（先生）の責任下において行われます。「就学前学校カリキュラム」は、スウェーデンが国家の基礎として重視してきた民主主義の価値観と「子どもの権利条約」（一一ページの注を参照）を中心的な理念としています。そのため、本書において著者らは、このカリキュラムについて頻繁に言及しています。

ここでは、民主主義についてカリキュラムにはどのように記述されているのか、また著者らが民主主義の実践的なアプローチとして強調している「子どもの参加と影響力」についてはどのように規定されているのかを紹介しておきます。

なお、先述したようにカリキュラムは数回の改訂が行われていますが、本書の出版時は二〇一〇年版が有効であり、著者らはそれに基づいて本書を記しています。二〇一〇年版は、『スウェーデン保育の今――テーマ活動とドキュメンテーション』（白石淑江・水野恵子著、かもがわ出版、二〇一三年）の巻末に全文が掲載されていますので、本書では、最新となる二〇一八年の改訂版から抜粋する形で紹介します。

本改訂版では、基本的な内容に関しては前改訂版と同じですが、就学前学校に求められる基本的な価値観のなかに「子どもの権利条約」が明確に含まれることとなり、民主主義的な保育・幼児教育の重要性がさらに強調されることになりました。ちなみに、スウェーデンでは、二〇二〇年には「子どもの権利条約」が国内法化されています。したがって本書は、民主主義的な実践の具体的な手引書として、その役割がかなり増していると言えます。

スウェーデンの「就学前学校カリキュラム」は、第1章の「就学前学校の基本的な価値観と任務」と第2章の「目標と指針」の二部構成となっています。第1章の「基本的な価値観と任務」の箇所では、就学前学校が基礎を置く理念と、その実現のため就学前学校の任務という大方針が提示されています。一方、第2章の「目標と指針」では、その理念と任務をどのように就学前学校において職員が実践していくのかについて、より具体的な内容と職務が描かれています。

ここでは、とくに就学前学校における民主主義の取り組みとかかわりの深い箇所を引用紹介しておきます。具体的には、第1章で示されている「基本的な価値観」という一節、および第2章で示されている「子どもの参加と影響力」という一節からの記述を引用することにします。

学校庁が発行した「就学前学校カリキュラム」(2018年改訂)の表紙

資料 『就学前学校カリキュラム 二〇一八年改訂（Läroplan för förskolan, Lpfö 18）』からの抜粋

基本的な価値観

就学前学校は学校システムの一部であり、民主主義の基礎の上に立つものである。学校法（二〇一〇年改訂）は、就学前学校における教育の目的は、子どもたちが知識や価値観を身につけ、発展させることであると明示している。就学前学校はすべての子どもの発達と学習、そして学習への生涯にわたる意欲を促進しなければならない。また、教育は、スウェーデン社会が土台とする人権と基本的な民主主義の価値観に対して尊重することを伝え、定着させなければならない。

就学前学校にかかわる一人ひとりが、人間の命の不可侵性、個人の自由と尊厳、万人の平等、女性と男性および女児と男児の平等、人々の連帯について尊重を促進しなければならない。子どもの誰一人として、本人およびその子どもとつながりのある人物の性別、トランスジェンダーのアイデンティティや表現、民族、宗教やその他の信条、障がい、性的志向や年齢を根拠とした差別、その他の虐待的な扱いを受けてはならない。そのような傾向が見られ

たときには、積極的に対処しなくてはならない。

教育は、民主的な形態で行われることで、市民生活と持続可能な発展（経済的および社会的な発展だけでなく、環境の発展も）への積極的な参加に対して、子どもたちがより多くの関心と責任をもつことができるような基礎を築いていかなければならない。また、長期的な視点とグローバルな未来の視点が、教育のなかで「見える化」されなければならない。

就学前学校は、国連の「子どもの権利条約」で示された価値観と権利を反映しなければならない。したがって、子どもの最善の利益と見なされていること、子どもは参加する権利と影響力を与える権利をもっていること、子どもが自分の権利について知らされていることに基づいて教育が行われなければならない。

子どもの参加と影響力

就学前学校の教育は、子どもが民主主義とは何かということを理解する基礎を培わなければならない。子どもの社会的な発達には前提条件がある。それは、子どもたちが能力に応じて、就学前学校における自分の行動と環境に責任をもつようにすることである。子どもは、参加する権利と影響を与える権利をもっている。さまざまな方法で子ども自身が表現するニーズと興味が、教育の環境と計画を形成する基礎とならなければならない。

目標

就学前学校は、一人ひとりの子どもが以下のことについて発達するような条件を提供しなくてはならない。

・自らの状況に影響力をもつことができるように、自分の考えや意見を表現することに対する興味と、そのための能力。

・就学前学校において自分の行動と環境に対する責任をもつ能力。

・民主主義の諸原則に対する理解と、その諸原則に従って協力し、意思決定する能力。

指針

就学前学校の教師は、すべての子どもについて以下のことに対して責任をもつ。

・活動の方法と内容に対して実質的な影響力をもつこと。

保育チームは……

・子どもの参加する能力と、子ども自身が教育に影響力を与える能力を促進する。
・自分の意見を異なる形態で表現する権利、そして、子どもの解釈や意見が教育において確実に考慮され、表現される権利といった子ども一人ひとりがもつ権利を尊重する。
・子どもがクラスのなかで自分自身に対する責任とクラスメートとの共存に対する責任をもつ能力を促進する。
・性別にかかわらず、すべての子どもが教育に対して平等に影響力をもち、参加する場をもつことを確実にする。
・民主主義社会で適応される参加と責任について、また権利と義務について、すべての子どもに準備させる。

どこの国でも同じですが、政策として書かれた文章とは味気ないものです。しかし、以下で紹介される就学前学校の活動は、非常に人間味豊かなものとなっています。もちろん、ここで紹介した「就学前学校カリキュラム」に基づいた活動です。読者のみなさんも、このことを踏まえて、本書を読み進めていただければと思います。

最後に、本書の著者であるお二人を紹介しておきましょう。

エリサベス・アルネール（Elisabeth Arnér）は准博士（fil.lic.）で、就学前学校教師を務めながら、エレブルー大学での教育にも従事してきました。彼女の研究は、就学前学校における子どもの影響力の可能性に関するものです。現在、全国で就学前学校と学校における民主主義と影響力についての講演活動を行っています。

一方、ソルヴェイ・ソーレマン（Solveig Sollerman）は就学前学校の教師です。学校長教育課程を修了し、長年にわたってエレブルー市において校長や開発責任者の職を務めてきました。

お二人とも、長年にわたってエレブルー市やエレブルー大学と協力しながら、多くの就学前学校において、民主主義と子どもの影響力に焦点を絞った仕事に携わってきました。こんなお二人が著した本書、幼児教育だけでなく、すべての教育活動に携わっている方々にとって興味深い内容となっています。さまざまな刺激を、読者のみなさんが受け取られることを願っています。

著者が研究を行っているスウェーデンのエレブルー大学（写真提供：Sebastian F.）

もくじ

幼児から民主主義——スウェーデンの保育実践に学ぶ

人生という川の一粒の滴はそれだけでは流れる力をもたない。
一つ一つの滴が互いに支えあわなければならない。

ターゲ・ダニエルソン（Tage Danielsson, 1928～1985・
スウェーデン人の作家、俳優、詩人、映画監督）

はじめに

本書は、就学前学校という場において、子どもが話をする権利について扱ったものです。民主的な社会を構成するためには二つの根本原理があります。一つは、すべての人間が同等の価値をもつということ、二つ目は、すべての人間が影響を及ぼす権利をもつということです。

本書の中心的な内容は、民主主義の基礎を築くという就学前学校の使命について、となっていますが、それは子ども一人ひとりに話をする権利があることや、表現することを聞いてもらい、尊重してもらう権利があることを意味します。私たち著者は、話をする権利には年齢や成熟度が関係するという見方には問題があると考えており、それについては議論が必要だと思っています。

子どもたちは、就学前学校に入学したその日から、基礎学校(1)と高校を通じて、自らの影響力や民主的な考え方を発展させる機会をもつ必要があります。そういう機会があれば、子どもたちは自分自身や他者を思いやれるだけでなく、自分自身と他者のために立ちあがるといった習慣を身につけることもできるようになります。民主的な社会というものは、言うまでもなく、若い人々

(1)　スウェーデンの基礎学校は、日本の小学校と中学校に相当します。詳細についてはiiページを参照してください。

とともに築いていかなくてはならないのです。

私たち著者は、この問題について真剣に考えてきました。日常生活において民主主義の意味に迫っていくことは、私たちにとって何か大きくて重要なものを生みだしてくれるわけですが、何よりも重要なことは、私たちに「共通するもの」をつくりだしてくれるということです。そして同時に、この「共通するもの」を前提として、実際に私たちはお互いにどのように向きあうべきなのかということにも関係してきます。私たちは、誰もが一人ひとり、あるがままに違っていてもよいという権利をもっていますが、同時に私たちは、お互いを見つめあって尊重しあうことで、共感と責任を発展させるように努力することが求められています。

本書では、子どもたち自身が就学前学校での生活をどのように見ているのかについて考えていきたいと思います。著者である私たちは、長年にわたって、就学前学校や学校における影響力や民主主義の問題に関する教育に携わってきました。そして、子どもたちと接するなかで民主主義を発展させることに取り組んできた先生たちとの対話を重ねてきました。そこから、就学前学校の教育カリキュラムに示される先生の役割は、現場の先生たちを勇気づけるものであると同時に、疑問を生じさせるものであると分かりました。

本書は、就学前学校と基礎学校における先生・教師の役割について議論するとき、その出発点となることを目的として書かれています。そのため、先生たちが民主主義の発展に取り組んでいる具体例をたくさん取り上げることにしました。その際、エピソードを通じて見られる日常の出来事に光を当て、先生たちが担う公共的な使命と関連づけて捉えることや、さまざまな視点からそれらの出来事を検討するようにしました。こうすることで、子どもたちの影響力と民主主義の発展に関する先生たちの継続的な学びに貢献できると考えています。

私たちは、本書の執筆を通じて多くの人々に出会いました。以下の方々に、とくに深い感謝を示したいと思います。まず、私たちが知らなかった道筋を示してくれたすべての子どもたちに感謝します。また、就学前学校でのあらゆる職務に取り組みながら、子どもたちの影響力についてもっと学びたいと大きな関心を寄せてくれたすべての先生たちに感謝します。そして、就学前学校での影響力の可能性について意見を寄せてくれた保護者のみなさんにも感謝します。

就学前学校の校長として民主主義の取り組みを指導してきたマリカ・テーネボーム氏に感謝します。テーネボームは、私たちの仕事に大きな関心を寄せてくれたほか、就学前学校の子どもと大人が民主主義を理解する機会をもつために大切となるリーダーシップについて惜しみない意見を提供してくれました。

教育学博士であるグンレーグ・ブレーデンゲ氏に感謝します。ブレーデンゲ氏は草稿に何度も目を通し、大切な指導やヒントを与えてくれたことで、私たちは議論を深めることができました。

また、私たちが研究を続けるようにといつも励ましてくれました。

教育学の教授で民主主義問題の研究者でもあるトーマス・エングルンド氏にも感謝します。エングルンド氏との民主主義に関する対話は、とりわけ対立する権利に関するものでした。そのおかげで私たちは、民主主義とはどのようなものか、民主主義にはどのような可能性があるのか、という点について議論を深めることができました。

政治学の教授で、民主主義委員会の首席秘書官であるエリック・アムノー氏には、日常生活における民主主義について議論ができたことに対して感謝しています。アムノー氏との対話によって、私たちの議論が発展し、新たな問いにたどり着くことができました。

子どもたちが話を聞いてもらえるようになったとき、次のようなことを語るかもしれません。

一〇歳の男の子が壇上に一人で立ち、目の前に座るすべての大人に対して、とても真剣に尋ねました。

「あなたたち大人が僕たち子どもをどうやったら手助けできるのかについて分かってもらうために、僕たち子どもは、あなたたち大人をどのように手助けできるでしょうか?」

エリサベス・アルネール／ソルヴェイ・ソーレマン

第１章 就学前学校での民主主義への取り組みとは

民主主義とは何か

一歳のエリックは、就学前学校の床に座って積み木で遊んでいました。周りを見回して、急に悲しくなりました。先生のところまでハイハイをしていくと、先生はエリックを抱きあげて膝に乗せました。エリックはメソメソと泣いたままです。

同じく一歳のアリは、何が起きてるのかと観察してから、ハイハイをして廊下に出ていきました。そこでクマのぬいぐるみを見つけると、戻ってきて、それをエリックに差しだしました。まるで、「悲しまないで」とでも言うように。

人生のかなり早い時期に、子どもたちは他人に同情したり、共感したりすることができます。エリックは一歳という年齢にもかかわらず、他者を思いやったり、状況に対して反応するとはどういうことかを私たちに教えてくれます。

エヴァ・ヨハンソン(1)は自身の研究のなかで、子どもたちの倫理について調査しています。彼女は、子どもはある出来事において、友達が必要としていることや望んでいることを理解すると友達の状況を改善するための行動をとる、と述べています(Eva Johansson［2001］参照)。他者に対して「共感」や「応答」、そして「同情」を示すことが、就学前学校での仕事においては中心的なアプローチとなります。

人々は、お互いにどのように接するとよいのか、接し方を変えるとどのように感じるのかということについて子どもたちと話をすることは、子どもたちが他者への応答や共感を育むうえにおいてとても大切であると考えています。

そして、同じく大切なことは、就学前学校の先生たち自身が子どもたちへの接し方や共感の仕方について注意を払うことです。そうすることで、子どもと先生の間における関心や責任が高められるだけでなく、すべての人が自らの行動の結果を理解できるようになります。しかし、多くの子どもたちが他者に応答したり、関心を示したりしていても、大人がそれに気付いているとはかぎらないというのが現状です。

ここに、民主主義の基本があります！　民主主義というものには、すべての人間が同等の価値をもつという倫理的な原則のほかに、理性だけでなく感情といった側面が含まれています。就学前学校における民主主義というのは、民主主義がどのようなものであるのかということについて、すべての大人が議論して理解するために努力することを前提としています。もし、子どもたちに民主主義の意味を本当に理解してもらいたいのであれば、単に民主主義について話をするだけでは十分とは言えません。その取り組み方もまた、民主的なものでなければならないのです。

民主主義には、相手の声に耳を傾けることの価値や誰に対してもインクルーシヴ(2)であることの価値に加えて、すべての人が自分の気持ちや意見を聞いてもらえるという共通の価値が存在します。

社会において民主主義が機能するためには、人々の相互作用と信頼が前提となります（SOU [2000:1] 参照）。と同時に、連帯と協力が民主的な社会を生みだすための実践的な方法であるという、基本的な信念が共有されていなければなりません。

（1）（Eva Johansson）幼児教育を専門とするスウェーデン人の教育学者で、スタヴァンゲル大学（ノルウェー）の教授です。

（2）集団の構成員が性別や人種、社会的地位、障がいの有無など多様な属性やニーズをもつことを前提として、排除せずに、ありのままの姿を尊重することです。

さらに私たち人間は、共通の問題を解決するために助けあう必要があります。そうでなければ、私たちは何のために他者とともに生活をしているのでしょうか。この事実は、協力すれば人々はもっともよい成果を上げられるにもかかわらず、現実にはその協力がなされていないという社会的ジレンマの解決にも関係してきます。

人々が協力することのメリットを理解して初めて、共有される社会的資源が増加することになります。だからこそ、民主主義を発展させようと努めるのであれば、長期的な視点をもち、団結して思いやりをもち、そして時々、少しだけ妥協することが大切となるのです。

「子どもの権利条約」(3)が要求しているように、子どもたちが自分に関係するあらゆる問題について真剣に話を聞いてもらうためには、社会はどのような準備をすればいいのでしょうか。子どもたちに関係する問題の多くは、コミュニティ計画や社会活動、権利、就学前学校や学校といった場面などで見られます。もし、民主主義が「ボトムアップ」で築かれるべきものであるならば、大人たちが子どもの権利を明確にすることが重要となります。

そこで、「就学前学校での出来事について、子どもたち自身はどんなことを話すだろうか」という問いを大人が立てる必要が出てきます。実のところ、子どもたちは大人に従属することの意味についてすでに語っているのです。彼らは、すでに決められていることに関しては、何を言っても無駄であることを知っています（Arnér & Tellgren［2006］参照)。

シモンは六歳です。彼は就学前クラス(4)に通うことに疑問をもっています。

「ここに来るのはあんまり面白くないな」と、シモンが言います。

「そうなの？」

「うん、僕は工作をしているときが一番楽しいんだ」

「ここでは工作はできないの？」

「だって、最初に二人が工作をして、それから次の二人が工作できるまでにすごく時間がかかるんだもん。次の順番が回ってくるまでに、自分が何をつくってたか忘れちゃうよ」

「もし、自分で決められるんだったら、何かできるかな？」

「うん」と、シモンははにかんで答えます。「もし、自分で決められるんだったら、壁から工作用の椅子を引っ張りだして、四人で座れるようにするよ」

「先生に、それを言ったの？」

「ううん。言ってもしょうがないよ。やり方はすでに決まってるんだもん」

---

(3)　正式名称は「児童の権利に関する条約」です。一九八九年の第四四回国連総会において採択され、一九九〇年に発効されました。日本は一九九四年に批准しています。

(4)　就学前クラスとは、六歳になる子どもが参加する就学前学校と基礎学校の「橋渡し」となる、幼少接続のための教育プログラムのことです。ｉページを参照してください。

残念なことですが、シモンは自分の考えを伝えても意味がないと感じているようです。子どもたちの考えが伝われば、大人が新しい解決策を考える可能性が生まれてきます。子どもたちは、影響を与えられるという経験だけでなく、そのための練習を積み重ねなければならないのです！

子どもたちが、自分自身の意見をもつことはとても大切です。さらに、子どもたちが、他人の意見に必ずしも同意しなくてもよいという権利を保ちながら合意形成ができるようになるためには、さまざまな考えや見方に気付くといった経験を重ねることが大切となります。

子どもたちは、今日、「今」という瞬間に「子ども」でいるのです。当たり前のことですが、この「今」が大事なのです。シモンにとっては、今ここで工作ができることが大切なのであって、何週間も待ってはいられないのです。しかし、工作用の椅子に関する決まり事に影響を与えようとしても意味がない、とシモンが考えていることに先生は気付いていません。

私たち著者は、子どもたちが関係するすべての問題について、たとえそれが工作用の椅子であったとしても、会話を通じて共通の未来をつくることに積極的になる必要がある、と考えています。子どもたちは、自分の声を聞いてもらえる環境があれば、参加を通して、民主主義を発展させることができるのです。私たち大人には、それにこたえるだけの準備ができているのでしょうか？　また、就学前学校は、活動において子どもたちが影響力をもつことに対して準備ができているのでしょうか？

子どもたちは、私たち大人がどれだけ真摯（しんし）に接しているのかについて敏感に感じとっています。子どもたちが就学前学校で影響力をもつようになったら、子どもたち自身や先生たちに対して、どのような結果がもたらされることになるでしょうか。全国の就学前学校で行われている民主主義の取り組みを見てみると、すでにたくさんの就学前学校においてその準備ができていると言えますし、さらに先へ進もうとしている就学前学校もありますが、やはり依然として多くの就学前学校がやるべき課題を抱えている状況にあります。

子どもの影響力に関する発展的な取り組みに参加した就学前学校からの報告によれば（Arnér [2009]）、「子どもたちは影響力をもつことで遊びや集中力を深め、就学前学校での生活がより穏やかになった」と記されています。さらに、先生たちによれば、子どもたちは自らとったイニシアティブ[5]が尊重されるほど自尊心が高まるということです。と同時に、先生たちの満足度も高まり、教育的な活動が以前よりも意義のあるものに感じられるようになった、と言っています。

これらの効果は、取り組みからわずか半年で現れています。この取り組みに携わった先生たちは、「以前のや

あっという間に、子どもたちがたくさんの時間を過ごすことになった机
（出典：『スウェーデンに学ぶドキュメンテーションの活用』81ページ）

り方に戻ることは想像もできない」と言っています。子どもたちと大人たちが会話をすることでお互いの距離が縮まり、お互いの考えが理解できるようになったのです。

私たちはどのように向きあったらいいのか

人々は、いろいろな形でお互いに関係をもちます。私たちは、相手と会ったり、相手を見たり、相手と話したりといった、さまざまな方法で意思疎通を図っています。絶えず人との出会いがある就学前学校は、他者との関係に影響を与える機会が多い場所であると言えるでしょう。

私たちは、どの人の目を見るか、どの人と会うのかなどについて選択することができます。人との関係はさまざまな方向に発展していきますので、お互いの違いを尊重することは、就学前学校において、もっと広く言えば社会において大切な意味をもつことになります。とくに就学前学校では、子どもたちが「民主主義とは何か」ということについて理解できるようになるための基礎を築く必要があります。

就学前学校は、民主主義の基礎に基づかなければならない。そのため、就学前学校の活動は民主主義の基本的な諸価値と調和して行われなければならない。これについては、その価値を日々の活動のなかで明確にする必要がある。
（「スウェーデンの就学前学校カリキュラム［二〇一〇年改訂］」［Lpfö rev. 2010］より）

子どもたちに関係することすべてに対する子どもたち自身の意見や考えを引き出す方法として、多様なアプローチが用意されていなければなりません。「子どもの権利条約」は、子どもの権利を強化するために制定されました。スウェーデンも、世界の多くの国々と同じくこの条約を批准しています。

「子どもの権利条約」は、民主主義の取り組みと子どもたちの影響力に関して、要求、意図、希望についてはスウェーデンの「就学前学校カリキュラム」に掲げられているものと同じですが、同条約が権利概念を強調している点では異なっています。

大人たちが民主主義の取り組みをどのように理解し、それを就学前学校でどのように実践するのかということ自体、子どもたちに影響を及ぼすことになります。したがって、民主主義の取り

（5）本書において著者が使用しているイニシアティブ（initiativ）という言葉は、子どもが自分で考えた新しい遊びや計画を率先するという意味です。スウェーデン語では同意語として、「最初の一歩」、「はじまり」、「互いに協力する」、「行動力」といったポジティブな意味あいがあります。スウェーデンにおいては、子どもが自らとるイニシアティブを尊重することは民主主義の実現において重要である、と考えられています。

組みをどのようにして発展させるのかということに関しては、子どもと大人の両者が一緒になって取り組むことが重要となります。民主主義の取り組みを発展させるための条件は、すべての先生が、自分の職務や就学前学校の仕事に含まれている諸価値についてよく考えることです。

民主主義という概念は、多くの異なる文脈で議論されてきました。就学前学校や学校のカリキュラムは、民主主義が私たちの社会の基礎となる基本的な価値であることを示しています。そして、カリキュラムには、子どもたちが就学前学校において民主的な生活が送れるように、さまざまな活動に対して明確な役割が与えられています。

民主主義の概念を議論してきたスヴェン＝エリック・リードマン(6)は、民主主義に対する一つの解釈を次のように表現しています。

「民主主義を民主主義たらしめるのは、私たちが一致していることではなく、私たちが一致しない権利をもつことであり、それが奨励されることである」(Liedman, Englund [1986] p.627)

さらに、教育学者であるトーマス・エングルンド(7)は、民主主義について以上のように述べています。

「もし、人々がお互いに異なる意見をもつことを認めたら、そこには民主主義が息づくことになる」(Englund [1986])

このように表現されている民主主義は、就学前学校にとっても興味深いものとなります。なぜなら、就学前学校では、そこに存在するすべての人たちの多様な関係性が生活に反映されているからです。

就学前学校では、子どもたちがケンカやもめ事を起こすというのは日常茶飯事です。とくにケンカについては、先生たちが自然な形で、さまざまなやり方で対応できる場面であると言えるでしょう。ところで、他者との関係においてケンカをしたことのない人などはいるでしょうか。しかし、私たち大人は、子どもたちの間で意見の食い違いが起きた場合、ケンカにならないように取り繕ってしまうという傾向があります。

以下に紹介するエピソードでは、二人の女の子がそれぞれイニシアティブをとりたがったために、なかなか合意に達することができませんでした。そして、とうとうケンカに発展してしまったというケースです。

――二人の女の子が、一つの人形の腕を両方から引っ張っています。新しい人形なので、二人

(６)（Sven-Eric Liedman）一九三九年生まれに、思想史を専門とするスウェーデン人の研究者です。ヨーテボリ大学の名誉教授です。

(７)（Tomas Englund）教育と民主主義を専門とするスウェーデン人の教育学者で、エレブルー大学の教授です。

ともそれで遊びたいのです。どちらもその人形を手放そうとしないので、ほどなくして二人とも泣きだしてしまいました。

　そこに先生がやって来ました。その様子を見た先生は、子どもたちの手から人形を取り上げて次のように言いました。

「新しい人形を引っ張りあったらダメよ。壊れちゃうでしょ。この人形は、先生が棚の高いところに置くから、二人はほかのもので遊びなさい。じゃあ、お互いにごめんなさいをしましょうね」

　先生の役割は、民主的な関係への道を示すことです。意見の不一致が起こるあらゆる状況は、自分自身や他者を理解する機会として活用できます。人には、「同意する権利」と同時に「同意しない権利」があります。このエピソードでは、先生がケンカをやめさせて、うわべだけを取り繕ってしまいました。

　そして、たとえケンカになったとしても、意見の不一致やケンカ以上の何かをこの二人が理解し、どのようにすれば遊びを発展させることができるのかについて学ぶために、この状況を活用しようとはしませんでした。

　たとえば、この場合では、二人の女の子に、自分がどのように感じたのか、どうしたらいいと思うのかについて話してもらうことができたでしょう。子どもたちと話をすることで、生じた意見の不一致について、子どもたちが何を考えていたのか、また、そこにはどのような意味があったのかということについて、より多くの理解を得ることができたはずです。

さらに先生は、このような状況に対する評価と対応の仕方について、次のようにしっかりと考えなくてはいけません。

・私は先生として、今起きているもめ事の倫理的な側面について、子どもたちに何を学んでもらいたいのだろうか。
・私は先生として、起きたことに対して解釈するために、何からはじめたらいいのだろうか。
・私は先生として、真摯（しんし）に子どもたちの世界に寄り添っているのだろうか。
・このような状況が生じたとき、子どもたちは何を考えているのだろうか。

（Johansson［2001］参照）

もちろん先生は、子どもたちが別の視点を発見できるように促すことができますし、それによって、意見の不一致やもめ事に対する理解や対応の仕方を子どもたちも学ぶことができるでしょう。そうすれば、二人の女の子は、民主主義とはどのようなものなのかという考えを発展させることができるはずです。

私たち著者は、目の前で起きていることについて、子どもたちと会話することが基本的な出発点であると考えています。会話を通して子どもたちは、自分の考え方や意見を発展させることができますし、起きていることについて話をするという経験を積み重ね、それに慣れることで、倫理的な思考を発展させるようにもなります。と同時に、私たち大人は、会話を通じて子どもたちが考えていることをより理解できるようになります。そして、このような機会が大人の「学び」にもつながるのです。

私たちはどのように向きあったらいいのでしょうか。民主的に生きるということは、お互いに対する接し方に注意を払うということです。就学前学校においてもまず何を追求するにしても、まずは子どもたちへの接し方に注意を払うことが大切となりますし、子どもたち同士の接し方に対しても注意を払う必要があります。たとえ、子どもたちを叱った次の瞬間に子どもたち同士でケンカがはじまったとしても驚いてはいけません。

子どもとの接し方について、良くも悪くも大人が手本になる例として、ある園庭での出来事を紹介しましょう。

子どもたちは、みんな外にいます。園舎の中にいる先生が、突然、外にいる子どもに向かって叫びました。

「やめなさい！　その屋根に上ったらダメだって何度も言ってるでしょ！」

　少し経って、四歳の男の子がやって来て、先生から少し離れたところに立ちました。男の子が、園庭の向こうにいる友達たちに向かって大声で叫びました。

「待ってよー。待ってくれるって言ったでしょ！」

　先生がすぐにその男の子のところに行って、次のように厳しく言いました。

「そんな言い方をしたらダメよ。友達と怒鳴りあったらダメでしょ。ちゃんと、話したい友達のところまで行って話しなさい」

もし、この先生自身が子どもに対する接し

スウェーデンの就学前学校では、民主主義を実現するために、子どもの声を聴くことを重視するレッジョ・エミリアのアプローチを取り入れるところが増えている。（写真提供：高見幸子）

方に普段からもっと注意を払っていれば、子ども同士の接し方もこのようなものにはならなかったでしょう。

就学前学校でのもめ事

次のエピソードでは、就学前学校の先生がケンカについて子どもたちと話をしている場面です。先に述べたとおり、子どもたちと先生は、民主主義の成り立ちや発展について理解を深めるために、日常の出来事を活用することができます。

このエピソードは、就学前学校での秩序、快適さ、仲間関係を築こうとする先生の意図にかかわるものです。この先生は、人々がどのように向きあうべきかについて、就学前学校で一般的に普及している文化のなかにおいてよく説かれている理屈をもとにして話を進めています。

ある就学前学校で、四・五歳児クラスの二人の子どもがケンカとなり、悲しくなった二人が先生のところへ駆けていきました。この二人と話をしたあと、先生はクラスのみんなを集めました。そして、たった今起きたことと、二人が悲しい気持ちになっていることを話しました。

「このようなケンカが起きたときはどうしたらいい？　みんなは、ケンカをしてもいいと思う？」と、先生は尋ねました。

「そんなことしたらダメー！」と、子どもたちは声をそろえて答えました。

先生はホワイトボードを持ってきて、「じゃあ、どうしたらいいか忘れないように、みんなの提案をすべて書きだしましょう」と言いました。

子どもたちは、就学前学校で気を付けなくてはいけないことや、やってはいけないことを次々に挙げていきました。子どもたちからの提案は次のようなものでした。

――ケンカしちゃダメ。叩いちゃダメ。誰かを棒で突っついちゃダメ。押したり、蹴ったり、いたずらしたり、怒鳴ったりしちゃダメ。

子どもたちは、他人にされたら嫌なことや、大人が怒ることについてきちんと知っているようです。子どもたちの提案を先生がホワイトボードに書きだし、子どもたちはそれらを守ることに合意しました。

話し合いが終わり、子どもたちも先生もみんなで決めたことに納得しているようです。子どもたちは上着を着て、また外に出ていきました。少し経って、一人の女の子が別の女の子を押したのでケンカになりました。先ほど話し合いをした先生が駆け寄ってきました。

先生は怒って、女の子たちを叱りました。そして、「たった今話し合いをしたばかりなのに、どうしてそんなことをするの」と二人に言いました。二人の女の子は悲しくなって、それぞれの言い分をぶつけました。

それに対して先生は、「みんなで決めたことを守れないんだったら、みんなで決めても意味がないでしょ」と二人に言いました。

ここでは、「みんなで決めたことを守れないんだったら、みんなで決めても意味がない」という先生の発言についてコメントをします。

ケンカが起きたとき、それについてどのように考えたらいいのかについて、子どもたちと話し合うことは大切です。先生が子どもたちと行った話し合いでは、どうしたらいいのかということについてみんなで合意しました。でも、それは物事の一面でしかありません。ある事例に合意をすることと、その合意に従って実践することは別の問題なのです。

事実、私たち大人自身にはそれが完全にできているのでしょうか。できているときもあれば、できていないときもあるはずです。話し合いのあとに起きたケンカは、まったく別の文脈で生じているため、子どもたちは以前に起きた出来事との間に共通点を見つけることができないまま、目の前で起きていることに頭の中はいっぱいとなっているのです。

このような状況に置かれた子どもたちは、必ずしも以前の合意が別の文脈においても適用できるとは考えません。日常生活において状況は刻々と変化していきます。そのなかで、相互の関係を決めるのは文脈であり、日常で起こる出来事を機会として、一つ一つ対話を重ねることによって初めて望ましい結果がもたらされるのです。そのような営みを通して民主的な生活は築くことができるわけですが、それには忍耐が必要なのです。

　では、このときの先生の役割とはどのようなものだったでしょうか。このエピソードのように、先生のせっかくの努力が望ましい結果をもたらさなかった場合、民主主義に関する取り組みをどのように見直せばよいのでしょうか。

　このようなときは、意見の不一致やもめ事をすでに合意したことに対する違反としてではなく、可能性として捉えることができれば先生自身の理解は深まったでしょう。もめ事が生じているとき、人々は起こった出来事に対して異なった意見をもつものです。このとき、私たちには自分自身の意見をもつという権利が生まれます。そのうえで、異なる意見をどのように扱うかについては、そのもめ事を通して私たちがどこに至りたいのかによって変わってきます。

　就学前学校では、お互いをより良く理解するために、子どもたちが話し合いをするという経験に慣れることが重要となります。そうすることで、子どもたちはもめ事を通して自分自身や他者を理解し、人は違う考えをもっていてもいいのだ、ということに気付きます。このような環境をつくりだすほうが、攻撃の標的を見つけるような解決法よりは望ましいと言えます。

日常生活において民主主義がどのようなものかという理解や気付きを誰もが得られるように、子どもたちと先生が話し合うという行為により大きな価値を置く必要があります。

「大人に話しても助けてもらえなかったよ」

就学前学校や基礎学校においては、子どもたちにとってよい環境をつくりだしたいと願っている大人たちであっても、自分たちの行動の結果を見通すことが難しかったり、その行動自体が不十分であったりする場合があります。子どもたちは「大人の助けが必要だ」ということを知っていますが、その助けが得られるとはかぎりませんし、時として、落胆してしまうという深刻な事態に陥ることがあります。

子どもたちは、心配事について大人に話をしても、自分たちが求めているようには気にかけてくれるわけではない、と感じているものです。つまり、私たち大人は、子どもたちの心配事に対して、いつも真剣に向きあうことができているわけではないということです。

次に紹介する出来事は基礎学校で起きたものです。ここでは、ある教師のクラスの生徒がほかの教師との間で板挟みになったとき、この教師がどのように考えたのかという点に着目したいと思います。教師が次のように語ってくれました。

私のクラスの生徒たちが木の枝で小屋を造っていたのですが、その小屋がほかのクラスの子どもたちに壊されるという事件が起きました。春にこの問題が生徒会で取り上げられましたが、状況は改善しませんでした。そして、秋にまた同じ問題が起きました。私はクラスで生徒たちと話し合いをしましたが、自分たちでは解決できないということでした。

生徒たちは、学校中の生徒と大人の助けが必要だと言っていました。彼らは、この問題の解決は学校全体の責任だと考え、生徒会でもう一度取り上げてもらうことにしました。

クラスメートの意見は次のようなものでした。

「外にいた大人に話しても、ちゃんと助けてもらえなかった」

「一生懸命造ったのに悲しい。壊した子どもたちと話をするべきだよ」

「もうすぐ雪が降るって聞いたから、それまでに小屋が完成しないとダメだよ」

一〇月の職員会議では、生徒会の議事録を確認しました。小屋に関する問題について子どもたちは、私たち教師がすべてのクラスでこの件について話し合いを行い、生徒たちが小屋を造っている様子を大人たちに確認してほしいと考えていることが分かりました。

生徒会の議事録を読んだあと、何人かの教師が次のような発言をしました。

「この件について、時間をどれくらい取りましょうか？」

「すべての生徒が自分の小屋をもつべきでしょうか?」
「そうすると、確認すべき小屋の数が何百にもなりますよ」
「あなたの生徒は、いつ小屋を造っているのですか? 授業中ですか、自由時間ですか」
「午後に小屋が壊されているなら、あなたの生徒が自分たちで小屋を壊しているんでしょう」

このような発言のあと、私は同僚に次のように答えました。

「小屋は私の生徒にとって大切なものなので、私は彼らを一〇〇パーセント支持しています。さらに言えば、この問題は、私たちがどのように向きあえばいいのかという基本的な価値観にかかわるものです」

同僚たちは沈黙してしまいました。

一方で私は、生徒たちの提案にいら立ちを感じていることに気付きました。たった四つの小屋という問題が、突然、何百という数にも上る問題になっているように感じられたのです。また、もし私が同僚たちに助けを求めていたら、彼らは同じような反応をしなかったと思います。

私たちが生徒の問題を真剣に考えて、彼らの提案に向きあわなければ、この問題はおそらく解決することはないでしょう。この問題は、生徒会の議題として何度も取り上げられるだけで終わってしまうか、生徒たちはただ黙ってしまうことになるでしょう。

今週、私は自分の生徒たちに、小屋についてどうしたらいいのかと尋ねました。

「もうすぐ冬だけど、小屋は完成したの？」

生徒たちの答えは、一生懸命造っても壊される様子を見るのは嫌だから、もう造るのはやめた、というものでした。私は、自らに問いかけました。

「生徒たちは、民主主義についていったい何を学んだのだろうか……」


この出来事について何が言えるでしょうか。私たちに分かることは、子どもたちは大人に助けを求めようとしたにもかかわらず、それがうまくいかなかったということです。

基礎学校の子どもたちは、この問題を生徒会で取り上げてまでして議論をしました。その後、教師たちが生徒会で話し合われた内容について議論しましたが、教師たちは防御の態勢に入って、生徒たちの要求が望ましくない結果を招くことになるのではないかと考えました。つまり、教師たちは、小屋を壊された生徒たちが感じていた不安については真剣に向きあうことがなかったということです。

また、担任の教師は事態の解決に向けて希望をもっていましたが、生徒たちを完全に助けるだけの勇気はもっていなかったと言えます。教師は生徒たちを尊重していますが、同僚と議論する

橋を造る（出典：『スウェーデンに学ぶドキュメンテーションの活用』56ページ）

スウェーデンの森。伝統的な野外生活の文化のなかで、子どもたちは野外で過ごすことが多い（写真提供：光橋翠）

までには至っておらず、この問題が未解決のままになってしまうことを理解していました。

　このような状況を見ると、子どもたちは十分に耳を傾けてもらっているとは言えません。異なるやり方でこの状況に対処していれば、子ども同士、もしくは子どもと大人の協力関係が生まれていたと思われます。また、教師たちにとっても、お互いを尊重することについて、子どもたちと話をするとてもよい機会になっていたはずです。

　このような事例は、民主主義にかかわるとても重要な問題です。日常のさまざまな出来事のなかに、民主主義の取り組みを可視化して発展させるための機会があるのです。

　基礎学校には、子どもたちの影響力を高めようと教師が行動する際、それを妨げる構造(8)が存在しています。その一つの例は、雨の日の休み時間に子どもたちが「校舎の中にいたい」と希望するときです。このような希望に対して、多くの場合は「ダメだ」と言われてしまうわけですが、これはスウェーデンにおける文化や伝統に関係してきます。

　仮にある教師が「認めてもよい」と考えていたとしても、実際には生徒たちの提案を認めることはほとんどありません。なぜなら、天候にかかわらず、子どもたちはみんな外に出なければい

---

(8)「構造」というと難しい言葉になりますが、ここでは、就学前学校や基礎学校の活動に関係する法律や規則、文化、価値観など、先生や子どもたちに影響を与える多くの要素やそのつながりと理解することができます。

けないというルールがありますし、これは教師と子どもたちの接し方に対する制約ともなっています[9]（Colnerud & Granström［2002］参照）。

同じような状況が就学前学校でも見られます。先生たちは共通のルールをもっているので、一人の先生が、子どもたちと一緒に独自の決定を行うということはなかなか認められないのです。このような文化は、子どもたちが影響力をもつことの障がいとなってきました。そのため、民主主義の取り組みを実施することが難しくなっています（Arnér［2009］参照）。

（9）スウェーデンでは、野外に出ることは、基本的に身体的にも精神的にも人間によい影響を与えるという考え方が根付いてます。そのため、よほどの悪天候でないかぎり、毎日の活動や学校の休み時間には、子どもたちが外で遊ぶことを規則として定めている就学前学校や基礎学校もあります。

第2章 子どもの権利

子どもの権利を尊重する

スウェーデンの国会における子どもに関する政策の目標は、子どもや若者を尊重し、彼らに発達、保護、参加、影響力の機会を与えることとなっています。これを踏まえて、子どもに関する政策と社会における子どもの状況を改善するための出発点となっているのが、前述した「子どもの権利条約」なのです。

子どもたちは、人類、人口、人々、国民の重要な一部である。彼らは住民であり、市民であり、そして常に我々の後継者である。彼らはこれまでも存在し、今ここに存在し、そしてこれからもずっと存在する。

人生に、無駄な時期というものがあるだろうか。子ども時代というのは、人生のなかにおいて長くて大切な時間である。（Janusz Korczak［1929/1988］参照）

民主的な人間、つまり自分や他人の状況、自分が行おうとしている決定についてしっかりと考えられるだけの批判的（クリティカル）な思考をもつ人間というのは、いったいどのようにすれば形成できるのでしょうか。

民主的な社会における権利と義務を、子どもたち自身がどのように理解したり尊重したりするのかと言えば、大人の取り組み方を見て影響を受けることになります。つまり、大人は子どもたちにとって大切なモデルなのです。そのため、就学前学校での生活は、民主主義の発展にとって大切な舞台の一つになると言えます。

就学前学校の先生たちは、民主主義の取り組みとはどのようなものであるのかについて理解しようと努力しています。また、多くの先生が自分は民主的に働いていると考えています。

「焦らないで、ちょっと待ってくれれば自分で考えられるのに」と六歳の女の子が言いました。この発言は、「あなたたちが自分の考えを発言できるようにするには、大人たちはどうしたらいいと思う？」という質問に対する答えでした。

この答えは、子どもたちが自らの考えについて話すことは意味のある行為だと感じるためには、大人の接し方や忍耐力が非常に大切であるということを教えてくれています。

就学前学校は、さまざまな生活環境にある子どもたちが出会う場となります。子どもたちには、自分自身の経験を出発点として、文脈や意味を生みだす機会が用意されていなくてはなりません。多くの就学前学校で見られる文化的多様性のもとで、子どもと大人は互いに尊重しあい、理解することを育んでいくわけです。多くの異なる人間が集まり、先生が民主的な環境を整える役割を担いながら、しっかりとした教育を行っている場面を思い浮かべてみてください！

子どもと大人が対等な条件で就学前学校の未来を築いていくためには、お互いを助けあうという関係が求められることになります。それが民主主義に根差した未来です。子どもたちは、毎日、自分にとって意味のある行為の数々を自ら進んで行っています。もし、就学前学校が民主主義について学ぶことができる場であるなら、大人たちは子どもたちの考えていることから多くのことが学べるはずです。

「子どもたちは一番大切な存在だ」、「子どもたちは私たちの未来だ」、「子どもたちが最優先されなければならない」、「子どもたちに対してそんなことをすべきではない」、「子どもたちの権利なんて当たり前のことだ」、「子どもたちの声を聞くようにすべきだ」、などと大人たちは言います。おそらく、このような意見は自明のことのように思われますし、とりわけ子どもや若者にかかわる教育についての文脈、研究、議論のなかで強調されてきたことだと言えます。

言うまでもなく、これらの意見は大切な意味をもっています。しかし、さまざまな文脈で、実際に大人がどのように子どもたちと接するのかについて考えたとき、状況はかなり複雑なものとなります。

権利という概念には、実に多様な解釈の仕方があります。「権利」と「義務」という関係で考えたとき、子どもたちは就学前学校において権利をもっていることになります。それは同時に、誰かがこの子どもの権利を満たす義務を負っていることを意味します。

子どもの権利に対する大人の責任を明確にすることができれば、子どもたちは就学前学校という枠組みのなかで、自らのイニシアティブを発揮するようになります。また、子どもたち同士が互いに負う義務に対しても注意を向けなくてはいけません。「私の権利は、私に対する他者の義務を前提とし、他者の権利は私の義務を前提とする」(Hartman i Mathiasson［2004］)ということです。

以下に紹介するエピソードは、二人の子どもがイニシアティブをとったときの状況がどのようなものであったかを示したものです。私たち著者の解釈では、先生は自分の立場を明確にすることで子どもたちの権利を満たしたと言えます。

子どもたちは服を着て、外に出ることになっています。全員が、後片づけをするように言われています。五歳になる二人の男の子は、ひそひそ話をしており、なかなか着替えをしません。先生が二人に急ぐように言いますが、まだひそひそと何かを話しているようです。

二人は何を話しているんだろう、と先生は考えます。それから二人が先生のところにやって来て、お願いするような声で「中に残って遊んでいい？」と尋ねました。午前中は外に出ると決まっていますので、先生はきっぱりと断りました。男の子たちはがっかりして、椅子に座り込んでしまいました。

急に、二人をかわいそうに思った先生は、「自分たちだけで中にいられる？」と尋ねました。

「うん、遊び終わったら片づけもできるよ」と、二人は急にうれしそうに答えました。

「じゃあ、いいわよ」と、先生は要求を受け入れました。

二人は大喜びして、自ら進んでこの状況に対する責任を取ることになったのです。これについては、午前中の遊び時間が終わるときにはっきりと分かりました。

「もし、この機会を二人に与えていなかったらどうなっていただろうか……」と、先生は考えました。

このエピソードの場合、さほど複雑な状況ではありませんが、二人の子どもたちは遊ぶ権利だけでなく、自分たちの空想やひらめき、そしてイニシアティブや責任といったことを発展させる機会が与えられたほか、大人からの配慮を受けることができました。就学前学校の先生にとっては、このような状況はとても単純なものに思えます。しかし、一つ一つの出来事に対しての分析と省察が必要とされます。それによって先生たちは、就学前学校での出来事に対する理解や、それに対応する能力を高めていくことができるのです。

同時に、子どもたちがどのようにイニシアティブを発揮するのか、そのことは教育上の職務にどのように関係づけられるのかということを理解するために、一つ一つの状況について同僚たちと議論することも大切となります。

子どもたちは、自らのイニシアティブが先生たちに尊重されるほど、自分の行動やお互いに対してより大きな責任をもつようになります（Arnér［2009］参照）。この先生の場合、子どもたちを信頼して彼らの提案を受け入れたことで、子どもたちはしっかりと責任をもつことができました。また先生も、子どもたちと話をすることで、彼ら自身が意味のある活動をしたいと求める気持ちを理解することができました。

そして、子どもたちは、話を真剣に聞いてもらい、影響力をもち、自分たちの思考を深めることができました。子どもには、生活のなかで自由を感じ、常に大人に管理されているわけではないと感じられる瞬間が必要なのです。

何歳になったら子どもたちは影響力をもてるのか

時として、「子どもたちは、いったい何歳になったら影響力をもち、自らの日常に影響を与えることができるようになるのか?」と質問されることがあります。さらに、この「影響力」というものについて、就学前学校の一番小さな子どもたちにも当てはまるのだろうか、と疑問に思う人もいます。これらの質問に対する私たち著者の答えは、「年齢はまったく関係ない」というものです。

民主主義社会に生きる人間であれば、年齢に関係なく、自分の話を聞いてもらう必要があります。生まれた瞬間から亡くなるまで、人は「自分の声」をもつことができます。生まれたばかりの子どもを見てください。小さな赤ちゃんは泣くことで何かを表現しています。そして、泣くことで大人が駆け寄ってきてあやしてもらいます。このような行為が、子どもに影響力をもたせることになります。一方、年老いて最期を迎えようとしている人も、話を聞いてもらうことで家族などに影響を与えるという権利をもっています。

次に紹介する就学前学校でのエピソードには、小さな子どもが自分の状況に対して影響を与えるといった場面が描かれています。

私たちの就学前学校では、今、四人の一歳児の慣らし保育の真っただ中です。これはまったくと言ってよいほど簡単なことではなく、子どもたちは泣き続けて、ママやパパに会いたがります。

しかし、一週間の慣らし保育が終わるころには、子どもたちは安心感を抱きはじめるようです。よく子どもたちは、大人のなかから一人、とくに安心できる相手を選びます。このときもそうでした。私たち一人ひとりが、それぞれの子どもの面倒を見るようになりました。私は、エディという男の子の担当になりました。両親が彼を就学前学校に預けて帰るとき、エディはとても悲しくなりましたし、母親も同じように悲しそうな様子をしていました。エディは私に、ずっとそばにいてほしいといった素振りを見せました。

エディは水で遊ぶのが大好きなので、私たちはよく手洗い場に行って水遊びをしました。とても楽しんでいたので、私はこの様子を両親に見せようと、写真に撮って記録しようと考えました。そうすれば、エディが就学前学校での生活を楽しんでいる様子を伝えることができるからです。

でも、カメラは部屋の棚にしまってあります。カメラを取りに行くためにここを離れたら、エディが悲しんで、遊びが終わってしまうのではないかと心配になりました。

私は、エディに話をしてみました。

「エディ、カメラを取ってきて、あなたの写真を撮ってあげる。すぐに戻るからね」

エディは、私の言ったことをしっかりと聞いていました。そして、私を見て、うなずきました。念のため、私はもう一度言いましたが、同じくエディはうなずきました。

私はカメラを取ってきて、素敵な写真を何枚か撮って、両親を「安心」させてあげることができました。


一歳児ということもあり、エディはまだ言葉を話すことができません。けれどエディは、自分の気持ちを聞いてもらうことができています。言葉が話せなくても、先生がカメラを取りに行っても大丈夫ということをはっきりと示したのです。

幼少の子どもたちに接して働くという人にとっては、子どもが表現していることを、時間をかけて理解しようとする行為がとても大切となります。もちろん、もう少し年上の子どもであっても、自分が必要とするものが尊重され、満たされ、そして自分自身の価値を感じられるという意味においては、小さな子どもたちと同じ権利をもっています（「就学前カリキュラム」二〇一〇年改訂を参照）。

大切なことは、子どもたちが必要とするものや関心をもっているものを、どうすれば大人が見つけられるか、ということです。

ある先生が、ウッレという名前の子どものことを心配していました。ある研修会のとき、この先生が「ウッレはただ走り回っている」と話していました。

「彼は走り回りながら何をしているのですか?」と、研修会の講師がこの先生に尋ねました。

「何もしていません。ただ走り回っているのです。彼はいつもそうしています」と先生は答えました。

ウッレを一日観察して、走り回る理由を解釈してみるように、と先生は言われました。そして先生は、その結果を次の研修会で報告することになりました。

この話は、朝、ウッレが遊びに参加して、お店の人の役になるところからはじまりました。先生がよく観察してみると、ウッレは就学前学校をいくつかの「倉庫」に分けて、倉庫から倉庫へと「商品」を運んでいたのです。商品は、遊びに参加しているほかの子どもに配達されています。その様子を見た先生は、ウッレが走り回る理由を理解しました。

このエピソードについて、どのように解釈することができるでしょうか。そして、この状況において、ウッレの権利をどのように考えることができるでしょうか。彼は、ほかの子どもたちと行うごっこ遊びのなかで、自分の役割をつくっていたのです。

ロシアの心理学者であるレフ・ヴィゴツキー（一八九六〜一九三四）は、子どもたち自身の遊びのルールは、大人がつくった「外的ルール」とは異なるものであると指摘しています（Bråten［2000］参照）。これは、遊びのなかにおいて、子どもたち自身でつくったルールは自分たちのものである、ということを意味します。このルールづくりが、子どもたちの自己決定力や影響力、つまり彼らが絶えず求めているものに対して道を開くことになるのです。

「就学前学校カリキュラム」は、子どもたちの遊びが教育活動の環境や計画の基礎になるようにと提唱しています。ウッレの行動を心配して走るのをやめさせる代わりに、先生はウッレと一緒に彼の活発さに関心を抱いて観察することができます。そうすれば先生も、教育上の職務や子どもたちが興味をもつ遊びについて、関心や理解を深めることが可能になります。

では、このエピソードは、民主主義とどのように関係しているのでしょうか。ウッレは集中力をもって遊びに没頭していましたが、先生のほうは、彼のことをしっかりと観察するように言われるまでそのことに関心を示さず、理解しようともしていませんでした。

ウッレは、時間をかけて遊びに集中することで自らの役割をつくりだし、遊びに積極的にかかわっています。絶え間なくさまざまなイニシアティブを発揮しながら子どもたちが選択しているものに意識を向ければ、私たちは子どもたちの興味や関心を理解することができるようになります。教育上の計画は、そこからはじめなくてはなりません。

子どもたちの興味や遊びを前提とすると、先生が計画を練るとき、先生による観察を計画の出発点としてどのように活用することができるでしょうか。民主主義に関する取り組みは、子どもたちにとって重要なことを表現する機会を子どもたち自身に与える時点からはじまります。

先のエピソードの場合では、子どもたちが行っている遊びについて、彼らと話をすることがそれに当たります。先生はウッレを困った子どもだと考えていましたが、ウッレの遊びを観察してみると、実はとても創造的で、遊びから多くの刺激を受けていることが分かり、考え方が大きく変わりました。先生とウッレは、具体的な状況における考えや意見を話し合ったことでお互いが学び、理解することができたわけです。

就学前学校の先生たちと子どもたちの影響力について議論するといった長年にわたる経験のなかで私たち著者は、「民主主義の取り組みをどのように実践したらいいのか」という不安をよく耳にしました。「子ど

保育者のお別れパーティー。パーティーハットも子どもたちがつくった（出典：『スウェーデンに学ぶドキュメンテーションの活用』91ページ）

もたちは影響力をもつべきだということは理解していますが、実際にどのようにしたらいいのかについては教えてほしいのです」と、話してくれたベテランの先生もいました。

就学前学校での一日には、見ることを通して学べることがたくさんあります。日々の活動で生じるあらゆることについて観察し、省察し、議論ができます。就学前学校での出来事から学ぶことで、自らに課題を課し、自らに問いかけ、さまざまな状況がどのような視点から解釈できるのかについて試してみてください。先生たちがどのような接し方をするのか、子どもたちとの関係においてはこれがとても重要であるということを強調しておきたいと思います。

子どもたちと接するとき、私たちがどのように振る舞っているのかについて知らなくてはいけませんし、子どもたちが大人たちの振る舞いをどのように感じているのかということについても関心をもつ必要があります。

就学前学校での民主主義の取り組みを可視化する

私たち著者の経験によれば、ほとんどの先生は、時に就学前学校での日常業務を変えざるをえないような新しい考え方や機会に触発されています。そこには、就学前学校での業務を発展させるための大きな可能性が存在しています。しかし、常に自分の目の前にあるものがどのように変化しうるかについて想像することは、必ずしも容易ではありません。

私たちが長年携わってきた職員の能力開発の焦点は、就学前学校の日常で起こるさまざまな出来事を可視化し、省察を加え、その経験を通して教育活動を発展させることでした。これは、私たちが目にするものをさまざまな視点で理解しようとする試みでもありました。

私たちはみんな、すべてのものは多様な方法や視点で解釈されることを知っています。もし、就学前学校という場が、民主主義の取り組みを発展させるだけの可能性をもっているのであれば、民主主義という概念を継続的に分析し、議論する必要があります。私たち著者は、民主主義の取り組みに関する仕事は日常生活のなかにおいて常に取り組むべきことであると強調するために、「日常生活における民主主義」という概念を使うようにしてきました。

時には、就学前学校での文化や伝統に関連した事柄で、民主主義の発展を阻害するものも存在します。文化というものには、職員、親、そして子どもたちの間で長年にわたって存在してきた、当然とされる考え方、明示的かつ暗黙のルール、そして価値観や規範が含まれています。そのため、現在存在する文化を超えて新しい知識や考え方を先生たちが試せるように、責任者である校長には、就学前学校の文化を発展させていこうとする姿勢が求められることになります。

就学前学校にやって来るすべての新しい物事は、言うまでもなく既存の文化と出合うことになります。そして、この出合いに対して、すべての先生が意識を向ける必要があります。既存の文化における実践のうち、新しい研究成果から学ぶことができるものは何でしょうか？　また逆に、既存の研究成果のなかで実践から学ぶことができるものは何でしょうか？　新しい知識と既存の知識という緊張関係のなかにこそ、自分自身の経験と新たな知識や発見とが交わる活発な対話が生まれるという可能性が潜んでいるのです。

以下のエピソードには、就学前学校での学びに関する新たな発見について、校長と先生が取り組んだ様子が描かれています。

就学前学校の先生が、ある出来事について校長に質問をしました。

「就学前学校における学びとは、実際にはどういう意味なのでしょうか。子どもたちが学ぶとは、実際にはどのようなことを意味するのでしょうか」

校長は次のように答えました。

「子どもたちが知識を求めているとあなたが考えた状況において、一人あるいは何人かの子どもたちを観察してみてください。ただし、子どもたち自身が知識を生みだす状況も観察するようにしてください。どのような状況からはじめるかについては、すべてあなたが決めてください」

その結果は、以下のようなものです。

先生が、ある状況について語りました。

何人かの五歳の子どもたちが園庭の大きな岩に登ったり下りたりしながら遊んでいて、先生はそのそばに立っています。少し経つと、子どもたちは走っていきましたが、先生は自分の後ろに三歳のマリアが立っていることに気付きました。

マリアは何もすることがないようなので、先生はほかの子どもたちのところに行くように伝えようとしましたが、その瞬間、先生は自分の課題、つまり子どもがどのように知識を求めるのかについて観察しなくてはいけないことを思い出しました。

先生はマリアに、「何を考えているの？」と尋ねました。ちょうどそのとき、年上の子どもたちが戻ってきて、また岩に登りはじめました。

先生は、マリアが年上の子どもたちが岩に登る様子を、すごく集中して観察していることに気付きました。彼女は頭を動かしながら、年上の子どもたちが岩に登る様子を目で追っています。子どもたちが再び走っていってしまい、先生とマリアだけが残りました。先生がマリアに言います。

「あなたも岩に登りたいの？」

「うん」と、マリアは答えました。

「私に手伝ってほしい？」

マリアがまた「うん」と答えると、先生が手伝いはじめました。マリアは先生に手をつないでもらい、登って下りて、登って下りてを繰り返します。決して簡単ではありませんが、彼女はあきらめませんでした。

登ったり下りたりを一〇回ほど繰り返したとき、突然、一人でできるようになりました。マリアは岩のてっぺんに立って、喜びを爆発させました。この瞬間に先生は、自分が校長に質問したこと、つまり、子どもたちが学ぶとは実際にどのようなことなのかについて理解しました。

先生がマリアの様子に気付き、彼女を手助けしたことが、知識や学びを発展させるにおいてとても大切だということを発見したわけです。そして、マリアが知識を求め、先生自身がその知識を生みだすために手伝ったということに気付きました。これにより、先生もまた自分自身の知識と学びを発展させたことになります。

この校長は、就学前学校における学びの発展させ方に関する知識をどのようにして追求すればいいのかについて示したことで、明確に教育的リーダーシップ(1)を発揮したと言えます。そして先

(1)　教育現場において、すべての教師と子どもが自らの能力を発揮できる環境や態勢を整える責任のことで、主に校長が担うものとされています。第3章で詳しく論じられています。

生は、まず自分で考えてから問いを立て、その答えを得ようと試みたことで自ら挑戦するという経験ができました。

三歳のマリアは、年上の子どもたちが岩に登る行為に興味をもっていました。そして先生は、意識して子どもたちの学びについて考え続けたおかげでそのことが理解できたわけです。

先生は、マリアのイニシアティブを尊重することで、まさに自分が求めていた知識を発展させることができました。マリアも岩に登ることを学ぶと同時に、自らイニシアティブをとった学びに対して自分で影響を与えるといった経験をしたわけです。

先生はこの出来事について、マリアが学びを発展させる状況にかかわれたことで、「自分自身が立てた問いに対する答えを可視化することができました」と語りました。私たち著者は、マリアもこの先生の学びの発展にかかわったということを強調したいと思います。これが、学びの相互性なのです。

野外就学前学校の園庭の様子（写真提供・高見幸子）

問いを立てる——そうしなければ問いは存在しない

　どのようなことであれ、あなた自身が問いを立てることが一番大切です。私たちには、自分の疑問、意見、理解を表現することもなく黙って座っているだけという場合がよくあるわけですが、そのような状況は就学前学校でもよく起きています。こういう状況のときには、質問を投げかけたり、自分の意見を述べたりして、議論や会話を促すようにと私たち著者は言っています。

　もし、何も表現せずに自分一人で考えていたら、大切な議論の機会が失われることになるでしょう。とはいえ、状況によっては、意見を述べたり、質問をしたりすることは難しいものです。なぜなら、それにはリスクが伴うからです。自分の意見が批判されるかもしれませんし、既存の文化になじまないかもしれません。あるいは、貶(けな)される可能性もあります。

　これらは、会話することにまつわる悪しき慣習と言えます。もし、就学前学校における仕事をあらゆる方向に発展する機会と見なしているのであれば、すべての人の声を大切にしなければなりません。

　一方、このような就学前学校の公共的な使命に対して、反対する意見や考え方と出合ったとき、私たちはそれに対してどのように向きあい、どのように対応することができるでしょうか。ある先生が就学前学校で働いているとしても、その先生が自らの職務すべてについて十分に考察できているわけではないのです。

時に先生たちは、これまでしっかり考えたことがないような課題や要求に直面することがあります。教育的リーダーシップを発揮する立場にある校長は、先生たちのなかにおいて不足している知識や求められている知識をどのようにして見つけることができるでしょうか。もし、経験豊富な校長であれば、子どもたちとの接し方や会話、そして議論における発言から先生たちの能力が分かるでしょう。そのような校長であれば、先生たちがそれぞれ何を発展させる必要があるのかについても理解できるでしょう。

このような場合であれば、先生たちと議論して、実行すべき取り組みについて合意することはさほど難しくありません。しかし、合意したことを実際に実行するというのは、それほど簡単なことではありません。このとき、就学前学校の任務に照らして、実行する取り組みのどの部分が伝統や新しい考え方から見て望ましいのかという点に注意を払う必要があります。

私たち著者は、子どもたちが影響力を与える権利をもつべきだということに疑問を感じている先生に出会ったことがありますし、就学前学校での子どもたちの影響力に関する先生たちの理解について、あえて反対しないという校長に出会ったこともあります。

就学前学校における一人ひとりの先生は、さまざまな力関係や既存のリーダーシップのもとで仕事をしなければならないため、教育上の職務を実際に遂行することがとても複雑なものとなっています。次は、このようなことに関するエピソードを紹介しましょう。

就学前学校の先生を志すある学生が、「就学前学校での仕事を探している」と話していました。そしてある日、彼女は面接に呼ばれたと言って喜んでいました。面接が終わったあと彼女は、指導教員と同級生に、面接がうまくいったことと民主主義の問題にすごく興味をもっていることに気付いた、と話しました。

一方、面接をした校長は、「学生はなかなか民主主義の取り組みについて学ぶ時間があまりないだけに、この学生が関心をもっていることは素晴らしい」と話していました。

この学生がその就学前学校で職を得て半年後、新任の先生となったときに私たち著者は彼女に尋ねました。

「あなたが取り組みたいと期待していた民主主義の取り組みはどうなりましたか？」

すると彼女は、「新任としてやってきて、物事を変えるのはそんなに簡単なことではありません」と答えてくれました。

そこで私たちは、次のように尋ねました。

「物事を変えるためには、どれくらいの期間勤めなければならないでしょうか？」

「ここの就学前学校の先生たちは長く勤めているので、就学前学校がどうあるべきかということをよく知っています。それと、ここの先生たちは、あなた方のように大学で教えている人たちは、現場における現実がどのようなものかを知らないので理想ばかり語っている、と言っています」

この新任の先生は、学生時代に民主主義の取り組みについて学習を深めたにもかかわらず、日々の現場においてそれを生かすだけの自信がないという事実について、どうやら考えてみる必要があるようです。

子どもたちの影響力に関する取り組みが発展するかどうかは、その就学前学校における教育的リーダーシップや同僚の先生たちに大きく依存しています。教育的リーダーシップには、校長だけでなくほかの先生たちの責任も含まれています。ここで言うところの「責任」とは、就学前学校の任務に基づいて、活動において新たな考え方を取り入れたり、さまざまな視点をもって挑戦したりすることを意味します。

理論と実践の関係は複雑で、多くの場合、そこに価値を見いだすことは難しいという意見があります。理論と実践は統合されなくてはいけない、もしくは手を取りあって進んでいく必要があるという見方は、それによって保育実践に関する理解や知識が深められるべきだ、という考え方に基づいたものです。

先生たちは、就学前学校で子どもや大人と出会うときの振る舞い方についてどのように理解しているのでしょうか。すべての先生たちは、活動を計画して実施する方法を決めるとき、無意識だとは思いますが実践的な理論をもっているものです。

◆◇◆◇◆◇◆◇◆◇◆◇◆

理論というのは、就学前学校において有効なものとして発展させられるように、実践との関係に注意して、意識的につくるべきものである。先生たちは、自らの理論的な視点を意識して発展させ、実践と理論の関係を可視化することで自らの能力を向上させ、それによって初めて自分の働き方を見直すことができる。（Arnér［2009］p.27）

新任の先生が勤務する職場の話に戻りましょう。

新しい先生が就学前学校にやって来るとき、同僚の先生や校長は、「ここではこのように働きます」と言う代わりに、「あなたが学んできたことを生かすために、ミーティングのときにぜひ話をしてください」と言うことができます。そうすることで新しい知識が広がり、既存の能力や経験を豊かにすることができるのです。

これは、すでにある能力開発とは別の教育機会と捉えることができますし、先生たちが教育上の知識を学ぶためといった習慣を身につけることにもつながります。私たち著者は、経験のある先生たちが新任の同僚と触れあうことで、すべての先生の能力を高めることができると考えています。

もし、自分のできることを説明するといった行為に慣れれば、その人の専門性は高まります。新任の先生に知識を伝えてもらうことは、新しい知識や現代科学が就学前学校の日常と結び付く一例となります。とはいえ、大人によるすべての思考、発展、学びは、子どもたちの存在としっかり関係づけられる必要があります。なぜなら、子どもたちの考え、生活、学び、理解というのは、大人の学びや発展と密接に関係しているからです。

私たち著者は、子どもと大人が経験する学びの過程を「平行する」ものとは捉えていません。なぜなら、平行していると決して交わることがないからです。そのため私たち著者は、就学前学校での子どもと大人の学びを「共同的で相互的な過程」と呼び、子どもと大人の出会いや相互作用が進むべき道を示すようにしています。言うまでもなく、この過程を生みだす責任は大人にあります。

すべての人が自らの知識に基づいて行動しています。就学前学校には活用すべき多くの知識がありますが、同時に欠如している知識もあります。すべてを知っている人などはいません。もし、私たち著者に先生としての知識が不足しているところがあるなら、発展させるべきことに気付くためのヒントや手助けが必要となります。素朴なものであったとしても、すべての疑問や質問は、何かをより理解するためにおいて必要なものなのです。

　したがって、先生たちがもつ疑問や考え方、そして視点を受け入れるための文化を育むことが大切となります。どのような疑問であっても、重要でないと見なされるべきではありません。雑誌、本、インターネット、子どもたちや大人たちとの会話のなかに、いつも追究すべき知識があることをすべての人が知っておく必要があります。

　今日ほど、幅広い教育研究が行われている時代はありません。就学前学校における教育上の任務は、専門的な知識を必要としています。だからこそ、あらゆる視点や疑問には議論するだけの余地があるのです。これは、就学前学校において先生が仕事に対して影響を与えるということとも関係しています。思考や思索を話すことの価値を示す例として、次の出来事を紹介します。

　日中、子どもたちがおしゃぶりを使えるようにすべきかどうかについて先生たちが議論しているとき、ある先生が次のように言いました。

「私たちのクラスでおしゃぶりを使いたいときに使えるようにしたら、子どもたちは一日中使っていると思います」

――別の先生が言いました。

「もし、あなたたちのクラスの子どもたちが、クラスの活動に熱中する代わりに一日中おしゃぶりを使うことを選ぶのなら、子どもたちにはそうするだけの理由があるということでしょう！」

このような意見交換から面白い議論がはじまりました。そして、子どもにとっておしゃぶりを使う意味とは何か、子どもたちにとって有意義な一日の過ごし方とはどのようなものなのかについて省察することになりました。この先生がおしゃぶりを使うことについて疑問に思っている点を話してくれたおかげで、大切な議論に光が当てられたわけです。

第3章

教育的リーダーシップ

民主主義の取り組みにおける校長の役割

就学前学校でのすべての仕事には、明確なリーダーシップが求められます。このリーダーシップは、就学前学校の機能という面では校長の責任であり、日々の業務や活動の発展については各先生の責任となります。

就学前学校での教育活動を導くという役割を担っているのは校長ですが、それは校長自らが、就学前学校の発展や研究について、最新の動向を踏まえておく必要があるということを意味します。校長は、就学前学校におけるリーダーとして、「就学前学校カリキュラム」の目標や任務に沿って活動するということに関して全般的な責任を負っています。また校長は、就学前学校の質に対しても責任をもっていますので、子どもたち自身のイニシアティブからはじまった学びや影響力に対する特別な責任も担っていることになります。

校長の責任には、職員が職務を専門的に実施できるように、継続的な能力開発の機会を提供することも含まれています。能力開発といっても、教育に関する講座や講義に出席するだけではありません。日々の学びのために、就学前学校のあり方を発展させることも同じく大切です。それには、先生たちが日々の出来事に関心をもち、さまざまな視点からその出来事に対して省察する機会をもつという習慣を身につけるといった意味が含まれます。

私たち著者は、校長に対して、日々の仕事のなかでどのような困難や喜びに出合うのかという質問をしてみました。ある校長は、「よい就学前学校とは何かということについて、自分なりのビジョンをもつ必要がある」と話してくれました。そして、そのビジョンは、明確で活力に満ちたものでなければならないとも言っていました。

私がしっかりとしたビジョンをもち、それをすべての職員に伝えることで、職員がやる気や働く楽しみがもてるようにしなくてはいけません。この役割には、職員のための条件を整えることと、職員に対する要求が含まれますが、それらによって職員が仕事を理解し、全員が同じ目標に向かって働くことが可能となります。ただ管理するだけの校長になるのではな

―く、最新の研究に基づいた「質の向上」に取り組みたいと考えています。

この校長は、自分の仕事における挑戦についてさらに語ってくれました。その内容として、以下のことを挙げています。

・すべての職員は、理論的な知識や自分の仕事に対する理解のレベルに違いがあります。そのことは、仕事を指導したり、就学前学校ごとの文化の違いを確認したりすることを難しくしています。
・校長として、カリキュラムや規則がすべての就学前学校に適用され、例外がないことをすべての職員に理解してもらうように取り組まなければなりません。
・就学前学校が変化を経験していることも難しい点の一つです。就学前学校のあり方が、現在とは大きく異なる時代に教育を受けた職員もいます。「ケアの文化」(1)が残っていると、職員が「学び」について考えることが少なくなります。そのため、省察したり、分析したりする習慣が育たず、活動のなかに「ただいる」ということがよく起こります。この点を踏まえて、

(1)　今日のスウェーデンの就学前学校は、教育（エデュケーション）と保育（ケア）を合わせた「エデュケア」という概念に基づいて活動を行っていますが、就学前学校として保育と教育が一元化されるまでは、主に家庭の代替として保育（ケア）のみの場として機能していました。

古い文化だけが蔓延するということがないように新しい教育を受け入れ、学びという視点をもっている職員が好奇心を維持し、就学前学校の目標に沿って働けるような取り組みが必要となります。

このようなことを挙げたうえで、校長は自身の考えを以下のようにまとめました。

> 新しい考えとこれまでの経験が出合い、先生たちが自分の仕事に対して十分な影響力をもったときに初めて子どもたちの目線に立った考えが生まれ、計画された活動がつくられます。そこでは、子どもたちと先生たちの間で対話が絶え間なく行き交い続けることになります。

長年にわたって多くの校長が、就学前学校における教育を発展させるための環境づくりとして、どのような努力を継続的に行っているのかということについて語ってきました。校長らは、高い教育の質を保証するためには、課題について議論する場に時間をかけることが大切だと考えています。また、先生たちが自分で省察や評価、分析ができるような時間を与えたいとも考えていますが、同時に、創造的な環境を目指して変化していくことの大切さについても指摘しています。

就学前学校における民主主義の取り組みの発展に向けて、積極的な活動を行ってきたある校長が次のように語ってくれました。

> 職員たちは、これまでよりもねらいを絞った観察をし、そのことについて省察することで、子どもたちとより望ましい関係を築いていく必要があります。このような活動を行うためには、最新の教育研究に関心をもち、就学前学校にかかわる課題を掘り下げている記事や書籍などを参照する必要がありますが、とりわけ、同僚や子どもたちと一緒に議論や省察を行うことが大切です。

この校長は、民主主義の取り組みに関していくつかの誤解が存在するとも言っています。「たとえば、子どもたちがすべてを決定しなければならないといった思い込みがあります。また、民主主義の問題について検討や議論がしっかりされていないために生じる抵抗もあります」

「就学前学校カリキュラム」には、子どもたちに影響力が与えられなければならないこと、そして子どもたちは自分の声を聞いてもらう権利があることが示されています。民主主義の取り組みについては、一九九八年に初めてカリキュラムが発表されたときから記述されています。それ以前は、就学前学校に対するガイドラインは存在しませんでした。

就学前学校における民主主義の取り組みについて、最初は戸惑いがありました。民主主義や子どもたちの影響力に関する課題について成功している就学前学校がある一方で、その意義をしっかり理解するためにはまだまだ時間を必要とするという就学前学校もあります。

よい教育的リーダーシップ、自ら進んで従事する意思、学びに対する十分な知識がそろってこそ、就学前学校において民主主義を発展させることができます。また、子どもたち自身の視点を重視することで新しい知識が吸収できます。子どもたちは、何を面白いと感じ、何を大切だと思っているのかについて話すことができます。就学前学校における民主主義の取り組みを発展させるためには、子どもたちの考えやイニシアティブを重要視しなければなりません。

大人の優位性と子どもの従属性

民主主義の価値が反映された社会へと発展させるためには、すべての市民が自らの声を聞いてもらえるという環境がなくてはなりません。私たち著者は、社会のすべての人間が十分な資格をもった市民として見なされなければならない、ということを強調したいと思います。それは、子どもであっても同じです。

すべての人が、年齢にかかわらず話をすることができなければなりません。新生児であれ、三歳、一三歳、五三歳、九三歳であれ、すべての人に自らの声で表現することが尊重されるという権利があります。とくに子どもたちは、明らかに大人の世界においては従属した存在であるため、特別に配慮される必要があります。

就学前学校において子どもたちは、自分の意見を表現したり、自分の考えや感情を語ったりするための機会をもっているでしょうか。大人と子どもの間には明確な力関係があり、家庭や就学前学校において、その力関係を覆すといった機会を子どもたちはほとんどもっていません。

児童文学作家のヤヌシュ・コルチャック（Janusz Korczak, 1928～1988）は、「無力感を覚えると権力を重んじるようになる」と表現しました。大人と子どもの間に存在する力の関係に気付き、理解することが大切です。

もし、子どもたち、そしてその子どもたちがつくりあげる「生」を尊重するといった姿勢が大人に欠けていれば、それは力の行使になり得ます。だからこそ就学前学校では、子どもと大人がともに、力関係ではなく、お互いに尊重するといった関係を築いていく必要があるのです。まずは力関係がどのように働いているのかについて学ぶことで、その関係を変える可能性が生まれてきます（Qvarsell, i Mathiasson［2004］参照）。

大人に対する見方について六歳の子どもたちと話をしているときに、「おうちや就学前学校では誰が物事を決めているの？」と尋ねました。子どもたちは、「先生やパパとママだよ」と答えました。このように見えるのはごく普通のことです。子どもたちはルールを学び、大人に従うことで生活に適応していきます。しかし、このような従順な態度や大人に対する従属は、結果として何をもたらすことになるのでしょうか。

子どもたちは経験を通して学ぶため、常に経験を重ねていく必要があります。多くの子どもたちは、就学前学校にはたくさんのルールがあるので、自分が置かれている状況に自分で影響を与えることができないと言っています。この事実を深刻な問題として捉えなければなりません。子どもたちは、あらかじめすべてが決められているのだから自分の考えを示すことに意味がある、とは考えていないのです（Arnér & Tellgren［2006］参照）。

先生たちは、子どもたちの就学前学校での生活に対して責任を負っています。そして、子どもたちは、大人たちがもっている責任能力や力を行使する能力に依存しています。それだけに、大人たちは優位性と従属性についてしっかり認識しておく必要があります。

以下に紹介するエピソードは、年齢に関係なく、どのようにお互いとの関係を築くのか、そして、小さな子どもが「声」をもっているという事実をどのように受け入れたり、あるいは受け入れなかったりするのかに関するものです。

生後三か月のニーナは、ビーチ[2]のそばにある茂みの裏に置かれたベビーカーで寝ています。両親とほかの大人たちは、夏至祭のお祝いをしているところでした。みんなが食事のテーブ

ルに着いたときにニーナが突然泣きだしたので、母親がすぐに走ってあやしに行きました。ニーナが落ち着くと、母親はテーブルに戻ってきました。再びニーナが泣きはじめると、これを見ていた年配の親戚が次のように言いました。

「毎回走っていくぐらいなら、泣かしておけばいいじゃないか。肺が強くなるよ」

すると母親が、ニーナを胸に抱いて答えました。

「ニーナには自分なりの表現の仕方があるのよ。それを聞こうとすることで私は、この子が何を言っているのか気にかけるようにしているの」

何歳になったら子どもは影響力をもてるのかということについては、いろいろな考えがあります。また、民主主義をどのように実現するのかというとき、何が可能で、何が不可能なのかということについてもさまざまな意見があります。就学前学校における日々の生活のなかで、民主主義の問題をどのように見つけることができるでしょうか。

私たち著者は、「日常生活における民主主義」という言葉を使いたいと考えています。なぜなら、

（2）　スウェーデンにおいて、六月下旬の夏至にもっとも近い土曜日とその前日の二日間に行われる伝統行事のことです。草花で飾り付けた「メイポール」と呼ばれる高い棒の周りで、老若男女が輪になって踊ったあと、ご馳走を食べるという習わしがあります。

民主的な考えは、日常生活のなかにおける私たち人間同士の関係、そして、そこで起きる出来事を通して発展していくということをこの言葉が表しているからです。

これは、大人が四年に一度投票する機会を与えられたり、(3) そのほかの、さまざまな協議会や委員会などに参加する機会が与えられたりする代表制民主主義とは異なるものです。もちろん、協議会や委員会は学校でも用意されていますので、子どもたちがそれらに参加することもできます。

次に紹介するエピソードは、就学前学校でのある状況を描いたものです。ある子どもが外遊び用のオモチャで遊びたいと考え、自らのイニシアティブに対する大人からの応答を求めていますが、そこには先生と子どもの間に存在している明確な力関係が見受けられます。また、このエピソードは、日常生活における民主主義と、その実現可能性を考えるうえにおいてとても興味深いものとなっています。

野外で絵を描く子ども。室内でできることは野外でもできる（写真提供・高見幸子）

ある就学前学校でのことです。すべての子どもたちがちょうど園庭に出てきたときのことです。時刻は九時半です。多くの子どもが外にいて、全員が三歳以下です。五人の先生が円になって立ち話をしており、子どもたちは自由に動き回っています。

二歳の男の子が、外遊び用のオモチャが収納されている小屋に向かって歩いていきました。彼は、鍵がかかっているドアを開けようとして何度もドアノブを引っ張りました。すると突然、彼はドアノブから手を放して振り返り、先生たちのところへ歩いていきました。そして、一人の先生の顔を見上げ、先生の上着を引っ張って小屋まで連れていきました。

先生を小屋まで連れていくまでに少し時間がかかりました。二人がドアの鍵がかかった小屋までやって来ると、彼はドアを開けてほしいという仕草をしました。先生は、小屋に収納されていない別のオモチャを探すようにと促しました。それから先生は、彼から離れて、立ち話をしている先生たちのところに戻ってしまいました。

男の子は、ドアから離れず、何度も鍵のかかったドアを引っ張っていました。


ここでは、ドアを開けないという先生の姿勢から、男の子がイニシアティブをとることを妨げ

(3)　スウェーデンでは、四年ごとに国会議員選挙と地方議会議員選挙が同日に実施されています。

ている様子を読み取ることができます。私たち著者には、この状況での先生の対応がどのくらい適切だったのかについて判断することはできません。しかし、このエピソードは、大人が一緒でなければ子どもたちの意味生成(いみせいせい)(4)に対してほとんど影響を及ぼすことがないということを示すとても端的な例であると言えます。

この文脈で大切なことは、この男の子の日常生活において、このような妨げがどのくらい頻繁に起きているのかについて考えることです。このような出来事は例外とされるものだったのでしょうか。それとも、頻繁に起きていることなのでしょうか。

子どもたちがとろうとしているイニシアティブが妨げられることにはきっとさまざまな理由があるでしょうから、容易に理解はできないでしょう。それでも、この問いに気付き、議論することが重要なのです。

この男の子が先生に「ダメ」と言われ、別の選択肢も提供されないという形で力関係が表出したとき、子ども自身がこの状況において何を考えたのかという点について振り返ることが大切です。もちろん、そのためには誰かが問いを立てる必要があります。この男の子自身は、起こったことについてどのように振り返ったのでしょうか。そして先生は、そのことについてどのように振り返ったのでしょうか。

子どもたちが、自らのために意義のあるイニシアティブを発揮するということには大きな価値があります。それによって、子どもたちは意味を見いだし、そして学びを生みだします。子どもたちのイニシアティブや関心は、大人たちが関心を示すことで育まれていきます。もし、子どもが自分の考えを大人に気付いてもらえないのであれば、関係性においてイニシアティブをとることを諦めてしまうかもしれません。

次に紹介するエピソードでは、子どもがイニシアティブを発揮できるように、先生が手助けをしている様子が描かれています。

就学前学校の子どもたちが、ちょうど休憩をしていました。一三人の子どもたちが、一つの大きなテーブルに着いています。彼らは、パズルをしたり、本を読んだり、静かな遊びをしたりしていました。みんな、ちょっと疲れて、ぼんやりとしているように見えます。そこに一人の先生が入ってきて、子どもたちに声をかけました。彼女は子どもたちの消極的な様子を見て、テーブルに着いてから隣に座っている男の子に明るく話しかけてみました。

「今、やりたいことができるとしたら、何をしたい？」

男の子は、ちょっと疲れた様子で答えます。

（4）（menings kapande）自らにとっての意義を見いだすということです。

「おうちでパパとつくってる飛行船をつくりたいな」

先生はその答えにヒントをもらい、彼に尋ねました。

「飛行船のつくり方を知ってるの？」

「うん」と男の子は答えました。「知ってるよ。見せてあげようか」

「うん、見たいな。面白そうね」と先生が答えました。

男の子が、飛行船づくりの準備をはじめました。材料を持ってきて、ほかの子どもたちも誘います。先生は座ったまま、彼のことを見ています。

飛行船づくりが進むなか、子どもたちの間でいろいろな遊びが展開していきました。少しずつ飛行船が完成に近づくと、先生は子どもたちに、飛行船を外で飛ばしてみようと約束しました。そこへ別の先生が部屋に入ってきて、手を叩きながら大きな声で言いました。

「じゃあ、お片づけして！　おやつの時間よ」

「やだー！」と子どもたちが返しました。

すでにいた先生が、「飛行船が完成したら外で飛ばすことにしている」と同僚の先生に伝えました。先生が同僚を説得して、無事に子どもたちは外で飛行船を飛ばして遊ぶことができました。

この日の午後は、子どもと大人にとって新しい学びのあるとても楽しい経験となりました。

先生は子どもに対する優位性をもっているがゆえに、子どもの意味生成を刺激するだけのインスピレーションをもたらすことができるかどうかは、常に先生にかかっているということになります。このエピソードのなかで先生は、子どもたちのぼんやりとした様子を理解し、そのうちの一人に質問を投げかけることで、とても豊かな午後の活動をはじめました。刺激を受けていない状況に大人が注意を向けたことで大人と子どもの間に活発な相互作用が生まれ、双方にとって意味のある時間を一緒に過ごせたと理解することできます。

子どもたち同士、そして子どもと大人の間の相互作用のなかに生じる発展に先生が意識を向けるとき、民主主義が前進することになります。そして、子どもたちと先生がお互いに助けあい、お互いの違いから学びあうことが大切です。子どもたちは遊びやその他の共同活動のなかでお互いを見つけあうため、当然、そこでの子どもたちの相互作用や対立にまず注意を向ける必要があります。

「サムリング」と呼ばれる保育者と子どもたちの対話の場（オルゴナ就学前学校）（出典：『スウェーデンに学ぶドキュメンテーションの活用』13ページ）

本章を終えるにあたり、現実の解釈という面では、大人のほうが子どもよりも明らかに有利であるという点に注目したいと思います。これは、物理的な大きさや強さといったものだけでなく、知識や経験に基づく権威といったものとも関係してきます。もし、大人の権威と長年の経験が常に優先されるのなら、社会において、子どもたちが本当の影響力をもつ機会は決してないでしょう（Näsman［1995］参照）。

では、どうすれば子どもたちの知識や経験は大人から尊重されるようになるのでしょうか。どうすれば、小さな子どもたちの顔に十分な人間性を見いだすことができるのでしょうか。大人たちには、子ども自身と子どもの生活について知識の蓄積がたくさんあります。しかし、子どもについて一般的なことが分かっているだけでは不十分です。実際に子どもたちを尊重するという努力が求められているのです。

責任は民主主義の前提条件

責任を感じ、責任をもつという人間の能力は、民主主義社会における前提条件です。そして、責任が増すと自立性が高まります。もし、子どもたちがより大きな責任をもつことによって自立性を伸ばしていくことができるのであれば、そのような発達を促進するための機会を私たちはつくりださなければなりません。

アン‐クリスティン・ゲール‐ムイガイ[(5)]が著した本によれば、責任というものは、時には重く、できれば避けたいと感じるものだとされています。しかし、就学前学校では、責任というものは、多くの場合において積極的な意味で捉えられています。何かに責任をもつということは、自由と自立への可能性を意味しているからです（Ann-Kristin Göhl-Muigai［2004］参照）。

もし、就学前学校での生活において責任という概念の意味が明確になれば、責任とは何かについて、子どもたちと繰り返し話し合えば育むことができます。先生は自分自身の行動について職業倫理上の責任を負っているわけですが、それ以外にも、子どもたちに責任とはどういうものかについて教える責務を抱えています。

子どもたちは、機会が与えられれば、たとえそれがはっきりとしたものでなくても、さまざまな状況で責任をもつということを理解します。つまり、子どもがもつ責任というのは、大人がもつ責任と同じように見えるわけではないということです。子どもたちが責任をもとうと努力する状態を目に見えるようにして、励ましていく必要があります。

私たちはみんな、子どものころ、困難な状況において責任を取るといったことを経験していま

（5）（Ann-Kristin Göhl-Muigai）幼児教育を専門とするスウェーデン人の研究者です。

す。たとえば、ケガをした友達を助けたり、目まいを起こした母親を助けるために誰かを呼ぼうとして走ったことがあるでしょう。子どもたちは、本当に必要だと感じたときには、積極的に能力や勇気、そして行動力を見せるのです。

五歳と六歳の兄弟が、家の近くの氷の上で遊んでいます。突然、氷が割れ、弟が冷たい水の中に落ちてしまいました。お兄ちゃんが水に飛び込み、弟の上着をつかんで氷の上に引き揚げました。

二人は家に帰って、起きたことを話しました。お兄ちゃんは、そのときまったくためらうことなく、必ず弟を助けようと考えた、と語りました。近くに大人がいない状況で、彼はこの状況に対して完全に責任を取り、その場で必要とされる行動を示したのです。

年齢は関係ないのです。これは、責任の問題なのです。

私たち大人は、子どもにも責任をもつ能力があり、実際にしっかり責任を果たすことができることを本当の意味で理解する必要があります。子どもは責任がとれないとか、子どもにイニシアティブをとらせる余地を与えたら手に負えなくなってしまうといったことを考える必要はありません。

第4章　子どもの尊厳と価値

子どもが話したいことに注意を向ける

すべての先生は、就学前学校での虐待（侮辱的な扱い）に関する職務について、しっかりと理解しておく必要があります。あらゆる種類の虐待は「学校法第6章」[1]で禁止されています。虐待とは、「差別的でなくとも、子どもの尊厳を傷つける行為」を意味します。スウェーデンの就学前学校では、子どもたちに対する虐待は存在しているのでしょうか。多くの子どもたちが、

（1）スウェーデンの就学前学校は、一九七五年に名称が「就学前学校」に統一されたあと、一九九六年に所管が社会省から教育省へと移りました。そのため、保育事業は教育制度の一つとして「学校法」の下に位置づけられています。詳細はⅰページを参照してください。

さまざまな文脈において、「就学前学校で大人に傷つけられた、と感じたことがある」と語っています。

就学前学校の規則や毎日決められた活動は、言うまでもなく大人によってつくられたものです。長い時間をかけて、現在の仕組みができあがっているわけです。それゆえ、多くの活動が、決められた方法で決められた時間に行われています。

このことは、就学前学校の規則や決められた活動と子どもたちのイニシアティブの間において、対立が生じうることを意味します。子どもたちが規則に従わなかったことで先生から叱られて傷つけられたと感じているとき、そばにいた別の先生がその事実から目をそらしたり無視したりすれば、子どもたちにとっては、この別の先生もまた叱った先生側の立場に立ったことになります（Ekelund［2011］参照）。

しかし、虐待に対して抵抗するのは人間の尊厳を守ることなのです。人間の尊厳を守るためには、あらゆる種類の虐待に注意を払い、議論をしていく必要があります。このような議論を通して、すべての虐待を終わらせなければなりません。また、言うまでもないことですが、ある子どもが就学前学校の活動において虐待を受けたと感じていることを知った先生には、そのことを校長に報告する義務があります（学校法第６章第10条）。

就学前学校にも基礎学校にも子どもに対する虐待が存在するため、「学校法」では子どもに対する虐待の意味が明確に示されています。さらに、ある行為が虐待に当たるかどうかを決めるのは、子ども自身が虐待を受けたと感じる経験であり、子ども自身の認識が焦点になることを示しています。

では、就学前学校にいる大人に対して、子どもはどのようなときに「自分は傷つけられた」と打ち明けることができるでしょうか。また、子どもたちが自らの権利のために立ちあがるためには何が必要でしょうか。そして、起こったことに対する子どもたちの理解について、先生たちが敏感になるためには何が必要なのでしょうか。

ほかの多くのケースと同じように、これらのことを可能にするのは、先生たちに課せられた責任であると言えます。就学前学校において子どもと大人の間に信頼が生まれることで、子どもたちは大人に対して打ち明けたいと思うようになるのです。

次に紹介するエピソードは、子どもが話したいと思うことに先生が注意を向けない場合、どのような結果を招くことになるかを示したものです。就学前学校の規則は、大人にとってどのくらい重要なのでしょうか。規則というのは、どの程度適用するべきでしょうか。

ある午後の就学前学校で、子どもたちが園庭に出ようとしています。四歳の女の子であるマリーネはまだ園の中にいます。マリーネは玄関の椅子に座っていて、すごく動揺していま

す。マリーネは、「靴下を履きたくない」と言ってメソメソと泣いています。先生は断固とした態度をとり、「靴下を履かないなら外には出られません」と厳しい口調で言いました。

先生は腕を組んでドアの前に立ち、「マリーネが靴下を履くまでここに立っている」と言いました。二人の間に会話はなく、「靴下を履きなさい」という先生の指示を聞いて、マリーネは悲しくてがっかりしているようです。

マリーネが靴下を履きたくない理由や彼女自身の考えは、その後も聞いてもらえませんでした。


就学前学校の厳しい規則に直面して、自分の考えが尊重してもらえないと失望したとき、子どもはその規則に対して影響を与えることがない、と判断したことになります。就学前学校で働くすべての人は、子どもに対する対応の仕方や態度、そして規則や毎日の決められた活動が虐待の原因にならないように、自らの活動についてしっかり理解しておく必要があります。就学前学校で働くすべての人には、この靴下をめぐるエピソードのように、子どもが傷つけられたときには子どもの立場に立って、同僚の対応の仕方に異議を唱えるといった責任もあります。

もし、私たちが就学前学校での日常生活において子どもたちの影響力を高めることができれば、子どもたちの助けを借りて、日々の出来事に関して新しいやり方で対応できるようになるでしょう。たとえば、子どもたちに「先生たちのことをどのように思うか」と尋ねることは、先生自身の行動を見つめ直すうえにおいてとても意味があります。そうすれば、先生たちは子どもたちの視点で自らの仕事を発展させることができます。

私たち著者が出会ったある女性教師が、六年生の生徒たちに質問したときの様子を語ってくれました。この教師は、生徒たちが自分のことをどのように思っているのかについて知りたいと考えていました。

彼女は生徒たちを教室に集めて、「ねえ、みんな。みんなは私のことを、先生としてどう思っている?」と質問しました。すぐにある男の子が、「まあまあかな」と答えました。教師がふーっと息を吐くと、すぐに別の男の子が、「うん、でも、たまにはすごくいいよ!」と続けました。

この二人の発言がきっかけとなって、教室での会話が一時間以上続きました。その会話には、「先生とはどういう存在なのか」、「どのような存在になり得る可能性があるのか」

就学前学校の部屋には、立体的な飾りがよく使われている(写真提供・高見幸子)

といったことについて、多くの見方や考え方が含まれていました。さらに、基礎学校全体のことについてまで話題が広がり、時間の経過とともに子どもたちからさまざまな意見が出されました。そして、話し合いが終わりに近づいたとき、最初に「まあまあかな」と言った男の子が、「先生は、本当はすごくいい先生だよ！」と言いました。

このエピソードについて、どのように解釈することができるでしょうか。子どもたちは、自らが深く関係することについて話をする場合、普段は話題に上らないテーマについても、多くの考えや自らの経験を話してくれるといったことが分かります。もし、さまざまな問題について子どもたち自身の意見を尋ねなければ、私たちはそれを知ることができないのです。

社会の大きな部分を構成する子どもたちが、自分の置かれている環境に関する重要な問題について尋ねられることがないという現状は、「人という資源の無駄遣い」であるとも言えます。

就学前学校で子どもを叱る先生

先生というものは、豊富な語彙を使って、伝えたい内容を子どもたちの前で話すことに慣れています。この事実は、大人たちがどのような言葉や態度で子どもたちと接すればいいのかという点において重要な意味をもちます。

たとえば、子どもたちの気をそらすという方法は、子どもたちが何かで傷ついたり、悲しんだり、がっかりしたりしているときに、別のことを考えさせるための一般的なやり方となっています。また、大人たちは、さまざまな方法を使って子どもたちの気をそらすことで自分たちを満足させるといった経験もしています。

大人たちがさまざまな言い方で子どもたちを説得しようとするとき、子どもたちがそれに逆らうというのは難しいでしょう。さらに、大人たちは、子どもたちを脅すという方法でやってほしいことをやらせたりしています。大人は脅していることを隠すでしょうが、実際、この脅迫行為は明らかなのです。

「ついて来ないんだったら、行っちゃうわよ」
「もしやめないんだったら怒るわよ」
「ママとパパに、今日あったことの話をしようかな」

大人たちは、子どもたちができるだけ早く幼児期を終えることを望んでいるのでしょうか。それとも、幼児期を肯定的に捉えて、子どもたちのそばに寄り添うことを望んでいるのでしょうか。

私たち大人は真っ先に、子どもはとても大切な存在であり、もちろん寄り添っていたい、と答えるでしょう。けれども私たちは、このことについて一度考え直してみる必要があります。なぜなら私たちは、子どもたちは幼稚で、未熟で、教育が足りないと言って不満を漏らすことが時々あるからです。

人として成長することは決して簡単ではありません。そして、就学前学校の先生になることは、時としてとても大変な決断だと言えます。

就学前学校の先生たちは、子どもたちにとってよい生活空間をつくろうと思って熱心に働いています。多くの場合、それは望ましいことであり、それによってよい保育環境をもたらすことになります。しかし、就学前学校の仕事というのは複雑なものであり、大変なことが多いために解釈が難しいという状況が生じます。つまり、そういう状況のときに、しっかりと考えられた対応がされないということが起こるのです。

では、就学前学校での複雑な仕事を成し遂げるためには、何を学び、何を理解する必要があるのでしょうか。簡単に答えることはできませんが、さまざまな取り組み方が必要となります。ここでは、ほとんど気付かれることがなく、議論もされることがない場面を取り上げてみたいと思います。それは、「子どもを叱る」という場面です。

著者の一人が携わった研究では、大人に叱られることに対する不安感について子どもたちが発言した内容に関する報告がされていました。この不安には、就学前学校だけではなく家庭でのことも含まれています。

叱るという行為は、子どもがかかわる多くの場面でよく起きるわけですが、それについて、教員養成の場において議論されることは滅多にありません（Arnér & Tellgren［2006］参照）。この事実は、子どもの従属性と関係があるのでしょうか。それとも、ほかの理由があるのでしょうか。この研究に参加した何人かの子どもが次のように語っています。

「花瓶が床に落ちて、パパに叱られた。セーターが引っ掛かっただけなのに」

「私の妹は、ご飯を全部食べなかったからママに叱られた」

「算数が難しくて、先生に手伝ってもらおうとしたら、『もう何度もやり方を教えたでしょ！』って言われて……それでも僕が分からなかったから先生に叱られた」

ある男の子の例を読むと、自分の弟が就学前学校の大人たちを時々困らせている様子について書かれていました。

「先生たちが弟を叱らないように、『僕がやった』っていつも言ってる。僕が叱られるほうがいいもん」

エリック・シースゴール(2)は子どもを叱る大人の様子について研究し、この種の虐待について重要な議論を提起しました。それによると、大人たちには子どもを叱っているという意識があまりないのに対して、「子どもたちはよく叱られていると感じている」といった報告がされています(Erik Sigsgaard［2003］参照)。

育て方やしつけの仕方にはさまざまな形があります。就学前学校において、子どもたちは影響を与える権利をもっていると言われている一方で、先生から許可を得られないかもしれないという心配事があるためにイニシアティブをとることができないという状況に置かれているのであれば、そこに矛盾が存在することになります。それでもなお、子どもたちがイニシアティブをとろうとした場合、彼らは「叱られる」といった経験をすることになるかもしれません。

では、「叱る」とはそもそもどういうことなのでしょうか。また、それは、どのように定義できるのでしょうか。

叱ることとは、子どもをしつける方法の一つで、家庭や就学前学校、そして学校でよく見られる処罰の一つです。問題となるのは、子どもを叱るのはごく普通のことだ、という理解が大人によく見かけられることです。叱ったり、言葉で罰したりすることはいまだに認められており、程度の差はありますが、よく行われています。

私たち大人は、子どもを対等な存在として見ていないために叱るという接し方をしてしまいます。もし、子どもの行動が大人にとって望ましいものでなければ、多くの場合、「それはよくない行動だ」と解釈してしまいます。しかし、子どもの視点から見れば、その行動は私たちが叱るといった対象ではなく、関心をもって学ぶべき、合理的で論理的なことかもしれないのです（Sigsgaard［2003］参照）。

就学前学校の先生たちから、叱ることについて次のような質問を受けたことがあります。「子どもたちが決まりを守らないといった場合、私たちはどのようにすべきでしょうか？　叱るという言葉には、そもそもどういう意味があるのでしょうか？」

簡単に答えるとすれば、「叱る」というのは、子どもを傷つけるような形で非難するということです。そして、「子どもを傷つけるような形で」あるのかどうかを決めるのは、子ども自身だということです。

もし、子どもが悪いことをしたと大人の目に映る場合、大人は子どもをしつけたいと思いますし、それが大人の義務であると考えるでしょう。また、子どもが本当に理解して行動を変えるために、厳しい態度で子どもに接しなければならないという考え方もあります。しかし、子どもに

（２）（Erik Sigsgaard）一九三八年生まれの、デンマークの児童研究者で元政治家です。一九九四年から二〇〇二年にかけて「叱ること」に関する研究プロジェクトを実施し、二〇〇二年に国際ＮＧＯ「セーブ・ザ・チルドレン」による「子どもの権利アワード」を受賞しています。

道を示すために叱るという行為は、「ほとんどの場合、望ましいものではない」ということが明らかになっています。

大人が子どもを叱るとき、子どもの従属性と大人の優位性が明確に可視化されることになります。物理的にも心理的にも大人が優位に立つとき、子どもは自分の声を聞いてもらう機会を失い、自分の無力さや悲しさを感じ、そして傷つけられたと感じるのです（Sigsgaad［2003］参照）。「就学前学校カリキュラム」には、子どもが民主主義を理解する土台を先生が築かなければならないと示されています。これは、どのようにすれば他者と共存できるのかということについて、子どもたちが理解できるように手助けする必要があるということです。

これを踏まえれば、先生には子どもたちを叱り、傷つけることは許されていないのです。子どもたちに正しさを示す望ましい方法として分かってきたことは、子どもと接するにときには「真剣さ」を表出すること、あるいは「真剣に会話をする」ということです（Arnér & Tellgren［2006］参照）。つまり、子どもに罪悪感を与えないように真剣な態度で接し、そして起きた事柄について子どもが考えていることをしっかり聞いて、関心をもつ必要があるということです。

もし、子どもに対して尊重する気持ちをもって対応したいと思うのであれば、まさに大人と同じように、生じた問題について話す機会を子どもに与える必要があります。つまり、子どもと大人の、双方の視点が取り上げられるべきだということです。

このような対等で真剣な対話は、一方的なコミュニケーションを特徴とする「叱る」という行為とは異なる相互的な関係を意味することになります。他者の率直な真剣さに向きあうことで、相手に対する尊敬と関心が生まれるのです。

大人たちは、子どもたちが真剣なメッセージを理解してくれないのではないかと心配する必要はありません。子どもたちに、「どのように大人を見ているのか」と尋ねると、彼らは「大人は優しい存在であることが大切だ」と答えます。このような関係づくりができれば、子どもたちは「大人が自分を尊重している」と考えるようになるのです。

ある女の子が、もし先生がすごく厳しかったら「何かをする」ことはないけど、もし先生が優しかったら「いつもどおりでいられる」と話してくれました。もめ事によく見られるような複雑な状況を理解するための自信や意欲を子どもたちがもてるようになるためには、大人に対する信頼が必要なのです。

では、もめ事が起こったとき、大人が事態を収拾できない状況であれば子どもたちの行動を抑制してもよいのでしょうか。これについては、就学前学校の先生たちの間で絶えず取り上げられる議論のポイントとなりますので、子どもたちとともに話し合う必要があるでしょう。

先生たちとの議論のなかで、「私たちは子どもたちに対して、自分の感情を表すべきではないということでしょうか」という質問をよく受けます。これは、叱るのが当たり前になっているため、先生自身がそのことに気付いていないということを意味しますし、単純に既存の文化に根差す問題であるとも言えます。

どのようなときに叱られたのかについて、子どもたちはいろいろと話してくれています。たとえば、廊下を走ったり、大声を上げたり、ケンカをしたりしたときです。一方、子どもたちは、理由も分からずに叱られることがあります。これは就学前学校にいる大人の責任であり、大人自身が子どもに対してどのように接しているのかという、簡単には理解できない側面に注意を払う必要があることを示しています。

就学前学校において、先生が子どもたちに対して自分の感情を表してよいかどうかという問題については、子ども自身の視点を踏まえて省察や議論をするといった、大人側の取り組みが求められることになります。子どもたちは、就学前学校における大人の接し方をど

就学前学校で出合った子どもたちの作品。一人ひとりの声が大切にされる場づくりが行われていた（写真提供：光橋翠）

のように理解しているのでしょうか。そして、大人たちは、子どもたちの理解から何を学ぶことができるのでしょうか。次のような問いについて、しっかりと考えてみるとよいでしょう。

「この子どもは、私の接し方についてどのように思っているのだろうか」

では次に、一人ひとりの子どもの生活状況や経験を尊重できるような、子どもたちとの向きあい方について提案します。

子どもを尊重する方法とアプローチ

就学前学校では、その職務を発展させるため、また子どもたちがより良い日常生活を送れるようにするために、長年にわたってさまざまな教育の方法、戦略、アプローチをとってきました。何が子どもたちにとってよいのか、子どもたち自身の発達や就学前学校の活動、ひいては社会全体が発展するためには何が大切なのかということについて常に議論が繰り返されてきました。これらの方法や考え方によって、さまざまな場面でグループ分けや活動のあり方、そして学びの理論から罰則に至るまでのことが扱われてきたわけです（Gustavsson［2010］参照）。

さまざまな教育手法があるなかで、それぞれについてどれだけ素晴らしいかというような宣伝文句が聞かれますが、その手法に取り組むためには多くの教材をそろえなければならないといったことがよくあります。また、手法といったものとは異なる教育的なアプローチも数多くあります。たとえば、シュタイナー教育、モンテッソーリ教育、レッジョ・エミリア教育（**コラム**参照）などです。この種のアプローチは、就学前学校における一部の活動だけでなく、活動全体を対象にしたものとなっています。

私たち著者は、教育上の手法やアプローチの選択にかかわらず、先生が計画することにおいて、子どもたち自身が影響力をもつことが望ましいと考えています。先生であれば誰しも、子どもたちに何か新しいことを示せば、それによって子どもたち

コラム　教育的なアプローチ

●**シュタイナー教育**――オーストリアの哲学者・神秘思想家ルドルフ・シュタイナー（Rudolf Steiner, 1861～1925）の教育思想を基にした教育手法で、人智学を基礎として、子どもの感性と自由を尊重する独自の教育手法をもっています。「ヴァルドルフ教育」とも呼ばれています。

●**モンテッソーリ教育**――イタリアの医学博士マリア・モンテッソーリ（Maria Montessori, 1870～1952）により考案された幼児教育手法です。子どもがもつ自ら発達する力が発揮できるように、子どもの環境を整える保育者の役割を重視しました。

●**レッジョ・エミリア教育**――第２次世界対戦後にイタリアのレッジョ・エミリア市立の保育・幼児教育施設ではじまった幼児教育手法です。芸術を専門とするアトリエリスタと教育を専門とするペダゴジスタと呼ばれる教師のもとで、プロジェクト活動や芸術活動といった特徴的な活動を行います。子どもの声を聴くことを重視し、活動の様子を「ドキュメンテーション」と呼ばれる特殊な手法で記録して、次の活動の展開に活かします。

が刺激を受けることは知っているでしょう。

しかし、一人ひとりの子どもがそのことについて何を考え、どのように受け止めているのかというのは別です。就学前学校における任務とは、計画、実施、評価というすべての段階において、子どもたちに影響力をもたせることだと言えます。

就学前学校の活動を管理する際のもう一つの側面は、長い時間をかけてつくられてきた、毎日の決められた仕事や習慣です。私たち著者は、数年をかけて、就学前学校における子どもと大人の接し方に焦点を絞って研究を行ってきました。その研究では、一日の活動について、大人たちが子どもたちに影響力をもたせるようにすれば、子どもと先生にとって、就学前学校での生活が望ましいものになることが分かりました。

また、この研究においては、とりわけ伝統や規則、そして毎日の決められた仕事のほか、先生たちの子どもに対する見方や先生同士の関係がどの程度就学前学校の活動に影響を与えているのかについても可視化することができました。この可視化によって、先生たちは子どもたちがイニシアティブをとることを認めていないという点が明らかになったのです。

この状況を踏まえて、子どもたちのイニシアティブを認めることを先生たちの役割としてきちんと位置づけて、子どもたちとの接し方をこれまでのものとは違う取り組み方で実施することにしました。

ところが、先生たちは、子どもたちに何らかのイニシアティブをもたせても状況はよくならず、かえってストレスや混乱のもとになってしまうのではないかと心配するような反応を示したのです。それだけでなく、子どもたちのイニシアティブは、就学前学校という組織が前提としてきた伝統や先生たちの習慣的な行動を、時には混乱させてしまうのではないかと危惧もしていました（Arnér［2009］参照）。

先生たちは、今ある文化や規則を「そうあるべきものなのだ」と信じ込んでいるため、自分たちのアプローチそのものを見直すことが難しいようです。このような考え方が、多くの就学前学校で確立されてきた古い行動様式や伝統を壊していくことを困難にしています。

しかし、子どもたち自身がイニシアティブをとり、意味生成（いみせいせい）（七一ページの注を参照）していけるようにすることはカリキュラムに示されている目標であり、先生たちには、そのための公共的な使命が与えられているのです。それにもかかわらず、子どもたちにとって望ましくて意味があることを考えるよりも、伝統的に行ってきたことや同僚が考えていることを重視するといった姿勢を崩さないままであるとすれば、カリキュラムに従っていないというリスクを抱え込むことになります。

この研究における取り組みを通して先生たちは、仕事のあり方を考える際、このようなアプローチや考え方が自分自身に重要な影響を与えているということに気付きました。そして、それを変えていくための方法として、同僚の先生や子どもたちと対話や議論を重ねていくというアプローチを見いだしたのです。

「就学前学校カリキュラム」では、民主主義と影響力という基本的な価値を重点的に扱っています。私たち著者が就学前学校の先生たちと子どもの影響力に関する取り組みをはじめたとき、次のような質問を受けたことがあります。

「この取り組みは一時的な流行でしょうか？　それとも、これからもずっと続いていくものでしょうか？」

「これは、真剣に取り組むだけの価値があるものなのでしょうか？」

就学前学校の先生たちは、次から次にやって来る新しい方法や取り組みを前にして疲れていました。ある取り組みがやっと終わったと思ったら、すぐに新しい取り組みがやって来るのです。上記のような質問は、このような現状と関係していると言えます。

「就学前学校における子どもの影響力に関するこの取り組みに参加するのであれば、今後も継続していくものなのかどうかを確認したくなります。そうでなければ、私は何もせず、この流行が過ぎ去るのを待つことにします」

私たちが注目しようとしているのは子どもたちであって、特定の方法や戦略ではありません。「流行が過ぎ去るのを待つ」というコメントは、その発想の焦点が子どもにではなく方法に当たっていると解釈することができます。私たち大人がある方向に発展していく手法を利用したいと期待しているとき、このような考えは、おそらく私たちを消極的な態度にしてしまうことになるでしょう。子どもに関する手法であれば簡単なものにちがいない、と私たちを思い込ませているものはいったい何なのか、これについて考える必要があります。

子どもたちはそれぞれ違っており、また違った扱いを受ける権利をもっています。それは、就学前学校における手法という考え方が、より深い計画として議論される必要があることを意味しています。子どもたちには、これらの手法を拒否する機会が与えられているのでしょうか。

数年前、実際に行われた手法の一つに「マッサージ」を取り入れるというものがありました。マッサージをすることで、子どもたちの「落ち着き」や「くつろぎ」といった感覚を生むというものです。たしかに、ある子どもには望ましいものでしたが、すべての子どもに適しているということではありませんでした。むしろ、子どもたちに対する先生の接し方が大切だということが明らかになりました。

マッサージをすることが子どもにとって望ましいものであるかどうかを決めたのは、その状況を扱う先生のやり方だったのです。したがって、大切なことは先生の取り組み方であって、手法そのものではないのです。

就学前学校にはある伝統が存在しています。しかし、それは、「子どもがなぜそれをするのかをあまり考えずに行動だけを見て、すべての子どもを同じように扱うという、標準化された仕組みで子どもの行動を変えようとするものです。それはとても簡単なことですが、『子どもの権利条約』に示されている人間観や子ども観からはほど遠いもの」（Gustafsson［2011］s.44）なのです。

私たち人間は、さまざまな方法で学んだり、理解したりします。そのため先生たちは、子どもたちの違いにこたえるためにも、たくさんの方法や教育上のプロセスが必要だと感じることでしょう。その際、活動の計画段階で子どもたちをかかわらせ、子どもたちと話し合うことがとてもよい出発点となります。

そうすれば、子どもたちの考えや意見の一端に触れることができますし、そのことを通じて、子どもを取り巻く世界についてどのように考えているのかを理解することもできます。子どもたちとの会話を通じて、先生たちは一人ひとりの子どもが就学前学校についてどのように考えているのかをより理解する機会がもてますし、子ども自身も話をすることが可能になるのです。

就学前学校の先生という職業について学びを発展させるもう一つの方法は、先生自身がもっている知識を言葉にして他人に伝えることです。就学前学校では、それぞれの働き方についてほかの就学前学校と学びあうといった機会がよくあります。

民主主義やジェンダー、価値、学びなどといったカリキュラム上の課題に取り組んできた就学前学校の先生は、その分野の「専門家」と見なされています。そのため、メディアや他校の先生が現場での活動に参加するために研究訪問を行うことがあります。しかし、課題についての検討を十分に深めていない人の場合は、取り組み方に変化が見られることは少ないようです。ある就学前学校で取られている教育上のアプローチについて、たった一回の訪問で評価することはできません。

就学前学校で子どもの影響力について取り組んできた校長と先生が次のように語りました。

「これまでに大きな変化、しかし外からは見えない変化がありました。私たちの就学前学校を訪問した人にとっては、それはごく普通の就学前学校、ごく普通の一日のように見えますが、実はたくさんのことが起こっているのです。今では、そのことを強く意識して私たちは働いています」

この先生たちが重要だと考える研究訪問のモデルは、訪問者が訪問先の先生と会話をし、取り組みについて質問をするというものでした。そうすることで、訪問を受けた先生は、質問内容について自分が学んで理解したことを明確にできました。しかし、このとき、子どもたちには話をする機会がありませんでした。もし、そうしていたら、この研究訪問からさらに大きな学びが得られたことでしょう。

先生たちが研究訪問や研修などから職場に戻ってきたとき、学んだことについて語る機会がないと、新たに得た知識や考えを試すことができません。新たな知見を得た先生たちから生まれる創造力や意欲を大切にして、日々の教育を発展させていく必要があります。

子どもはみんな違っていていい

人間同士を結び付けているものはたくさんあります。私たちは多くの点で似ているわけですが、違っているところもたくさんあります。私たち著者は、民主主義との関係において、「違い」という概念について関心を抱いてきました。「違い」というのは多様性の前提条件であり、私たちは違うことによって人間性が豊かになります。おそらく、人々の出会いのほとんどは、私たちが違っているというだけでよいものとなるはずです。

人々の間に存在する「違い」について、それが目に見えるものかどうかにかかわらず、しっかりと考えてみることはとても興味深い行為となります。私たちは、違いを受け入れるために何をすべきでしょうか。そして私たちは、どのような違いを受け入れることができるのでしょうか。私たちは、お互いの違いを許容する限界をどこに設定するのでしょうか。いつ、どのような文脈で、私たちはお互いの違いを受け入れるのでしょうか。

「就学前学校カリキュラム」には、就学前学校はさまざまな考えに対して開かれているべきであり、そのことを促進しなくてはいけないこと、そして子どもたちがイニシアティブを発揮するために刺激を受ける必要がある、と示されています。就学前学校の活動が多様であればあるほど、子どもたちは多くの刺激を受けることになります。

カリキュラムに示されているもう一つの目標は、すべての子どもが自分の考えや意見を表現する能力を伸ばし、それによって自分が置かれた状況に影響を与えることができるというものです。さまざまな方法で子ども自身が表現するニーズや興味が、教育活動を計画する際において土台とならなくてはいけません。子どもたち一人ひとりの違いが受け入れられ、促進されたら、就学前学校での生活はどのようなものになるのでしょうか。

ここでは、就学前学校での食事において、四歳の女の子の考えを先生がどのようにして尊重したのか、その様子を見てみましょう。

スティーナは四歳です。五月の暖かい日です。すべての子どもと先生が外にいます。スティーナが先生のところにやって来て、尋ねました。

「今日のごはんはなぁーに?」

先生は、スティーナが薄焼きパンケーキを好きなことを知っているので、うれしそうに答えました。

「今日はパンケーキよ」

スティーナは大喜びで、ほかの子どもや先生たちと一緒に中に入り、テーブルに着きました。給食用の台車が運ばれてくると、スティーナは大きな目でパンケーキを見て、それから先生を見ました。彼女は心配そうな顔をして、下唇をピクピクと動かしはじめました。台車に乗っているのは、サクサクとした薄焼きのパンケーキではなく、大きくて分厚い、豚肉入りのパンケーキだったのです。

「先生、今日のお昼ごはんはパンケーキだって言ったでしょ」

こう言いながら、スティーナは今にも泣きそうな顔をしています。

「分厚いけど、これもパンケーキでしょ」と、先生がスティーナに説明しました。

スティーナはとても悲しくなって、走ってままごとの部屋に行き、泣いてしまいました。スティーナを追いかけていった先生は、彼女を膝に乗せてなぐさめました。

少し話をしたあと、先生がスティーナに、「代わりにヨーグルトを食べたい？」と尋ねました。スティーナはうれしそうな顔をして、「うん！」と答えました。二人は一緒に台所に行き、スティーナは自分のお皿にヨーグルトを入れて、みんなのところに戻りました。

スティーナがヨーグルトを持って部屋に入ったとき、先生はドアの前で立ち止まって考えました。

（待って、私は何をしたんだろう。パンケーキの代わりにヨーグルトをあげたことを、ほかの先生は怒らないだろうか。ほかの子どもたちもヨーグルトを欲しがるんじゃないかしら）

次の瞬間、子どもたちは大きな丸テーブルに着いて、スティーナはヨーグルトを食べています。テーブルはいつになく落ち着いた状態です。みんなが、静かにいろんなことを話しています。スティーナがヨーグルトを食べていることに文句を言う子どもはいません。子どもたちは、先生がスティーナのために行ったことについて満足しているようでした。

この食事時間は、どうしてこのように穏やかなものになったのでしょうか。先生によれば、この日のお昼ご飯はいつになく穏やかな様子であった、ということです。この様子から私たちは、テーブルが穏やかだった理由と、先生が心配したことが実際には起きなかったという事実について検討することができます。

以前、就学前学校の先生たちは何をすべきかということについて子どもたちから話を聞いたとき、多くの子どもたちは、就学前学校で友達が悲しんでいたら、先生はその子どもを助けて、なぐさめてあげることが大切だ、と話していました（Arnér & Tellgren［2006］）。ヨーグルトの例で分かるように、先生は違いを尊重したのです。スティーナは薄焼きのパンケーキではなく分厚いパンケーキだったことに対して自分自身のやり方で反応しましたし、彼女なりの理由もあったのです。

子どもたちはどのくらいの影響力をもつことができるのか、ということについて議論をする際、先生たちは子どもたちに選択肢を与えることで「影響力をもたせる」と捉えていますが、実際はそれだけではないのです。就学前学校での選択という概念は、影響力と民主主義の見方を単純化してしまう危険性があります。子どもたちの違いをうまく活用することができれば活動をより深めることができ、より多様で、驚くほど充実した内容にすることが可能となります。

子どもたちは、人生について語るという基本的価値の問題について、いろいろな形で大きな関心を示しています。今日では、大人だけではなく子どもでさえも自分が生きる日常についてしっかりと考え、多くのことが語れるということをみんなが知っています。

もし、子どもたちが大人に対して自分のことを話したがり、私たち大人がそれに耳を傾けさえすれば、子どもたちがさまざまな文脈で行動するとき、身の周りで起きていることについてとてもよく理解している様子が分かるはずです。就学前学校での取り組みにおいて子どもたちと一緒に努力することは、興味深い挑戦の一つであると言えます。

就学前学校のダイニング。大人用のテーブルが使われている（写真提供・高見幸子）

私たちは、いろいろな「違い」についてどのように考えたらいいのでしょうか。民主主義の取り組みにおいて、私たちは違う意見をもち、同意しない権利をもっていますが、その一方で、私たちは同じ意見をもち、同意する権利ももっています。民主主義の活動は長い時間がかかる共同作業であり、団結し、思いやりをもち、そして少し妥協することが大切となります。

私たち人間は、多くの異なる方法で存在することが可能となる能力をもっています。つまり、人間「である」や子ども「である」という固定的な存在ではなく、異なる場面、状況、そして他者との出会いによって立ち現れてくる関係性に応じて、人間「になる」、子ども「になる」というように絶え間なく変化する存在なのです。

このことは、いかなるときでも子どもと大人は影響を与えあっており、私たち一人ひとりが、この共存関係がどのように発展するのかを左右する重要な存在であるということを意味しています。クラスの子どもたちについて、一人ひとりの違いに焦点を当てて観察すれば、自分が選んだ視点から物事が見えてくるようになります。

私たちは、お互いの違いを許容することについて子どもたちに教えなくてはならないとよく話しますが、実は、これについて取り組む必要があるのは大人なのです。私たち大人は、子どもたちの違いを受け入れているのでしょうか？　私たちは、同僚や親たちの違いを本当に受け入れているのでしょうか？

第5章

遊び

遊びたいという子どもたちの願望

大人になってから、もしお互いに子どもだったら一緒に遊びたい、一緒にいたいと思うような人に出会ったことはありますか？　「遊ぼう！」、多くの人が子どものころに数えきれないぐらい発した言葉です。遊びたいという願望は、遊びたい人、遊ぶことのできる人、そして遊びの魅力や魔力、意味深さ、そして仲間意識を経験したことのある人が抱くものです。

子ども自身が選んだ遊びだけが、子どもたちが影響力をもつことのできる唯一の機会なのでしょうか。遊びが進展するなかで、子どもたちは絶え間なくイニシアティブを発揮します。遊びは、子どもにとって必要だから生まれてくるものなのです。

就学前学校における子どもたちは遊ぶものだと当たり前のことのように感じるかもしれませんが、問題となるのは、それについて子どもたち自身に尋ねたときに何と答えるかということです。多くの子どもたちは、たしかに「就学前学校で遊ぶことができる」と答えますが、同じくらい多くの子どもたちが、いろいろな規則やほかにやらなくてはいけないことのために「遊べない」と答えているのです。

ある先生が、就学前学校における子どもたちの影響力に関する取り組みをはじめたときの経験を語ってくれました。

伝統的に、先生が子どもの活動を計画し、グループに分け、食事の座席を決め、子どもたちが「何を、いつすべきか」ということを念頭に置いて仕事を進めてきました。その仕事は、しっかり管理されたものでした。しかし、今日では、多くの職務について考え方が変わり、子どもたちに影響力をもたせ、参加できるようにすることが求められるようになりました。そこで、仕事のあり方を変えるために、子どもたちや同僚と多くの話し合いをする必要が生まれました。

子どもたちの遊びたいという願望に対する先生の対応は、民主的にも非民主的にもなりえます。

就学前学校の役割は民主主義を育むことにあります。私たちは、遊びたいという子どもたちの気持ちをどのように受け止めているのでしょうか。就学前学校にいる子どもたちは、毎日の生活においていつも影響力をもつことに慣れているわけではありません。そのため、できるだけ多くの機会を見つけて、子どもたちの声に耳を傾けるといった行為が民主主義の取り組みに含まれる必要があります。それによって遊びを望ましいものにすることができますし、そのこと自体が、子どもたちにとってはとても大切なのです。

子どもたちには、民主的に受け止めてもらっていることをはっきりと実感できる状況を経験する必要があります。そして、就学前学校での民主的な生活のカギとなるのが、就学前学校において毎日行われている子どもと大人の会話です。

日常生活における民主主義とは何かという問題に意識をもって対応するためには、話し合うことが必要です。就学前学校での会話は一日中行われていますので、それによって就学前学校が目的としている基本的な価値が生き生きとしたものになります。会話を通して人生の価値に気付き、それについて話して考えること、そして、常にそのための**ゆとり**をもっておくことで民主主義的な考え方を一緒に育むことができます。

私たち著者は、会話のなかに含まれているメッセージや会話が意味することに注意を払うことを提案したいと思います。会話のなかにこそ、私たちの考えを発展させ、自分の話を聞いてもらい、自分が表現することを尊重してもらうという機会があるのです。

大人の行動によって子どもの遊びが促進される場合もあれば、そうならないこともあります。「子どもの権利条約」によれば、子どもは遊ぶ権利をもっています。私たちの社会にも、子どもたちは遊べなければならないし、それは子どもたちの基本的なニーズだという明確な認識があります。

就学前学校でも、計画された遊びと自由な遊びについて取り上げられることがありますが、それは大人によってつくられた考え方でしかありません。大人がもつ力によって、遊びの発展が促されることもあれば妨げられることもあります。子どもたちの遊びには、時間や遊び方においてゆとりを与えなければなりません。

ある先生は、自らの子ども時代を振り返って、「私たちは遊べるだけ遊んでいました」と話してくれました。では、就学前学校にいる大人たちが、遊びに対する子どもたちの願望がどれだけ強いものかについて理解さえしておれば、遊びに関する就学前学校での活動計画にそれを反映させることはできるのでしょうか。

子どもの遊びを観察すると、そこに高い集中力と持続性、そして喜びを見いだすことができます。また私たちは、子どもたちが絶えず遊びを創造していることを知っています。五分後に何が起きているのか、誰にも予測することができません。遊びは、進展していくなかで生みだされていくのです。私たちは、子どもたちが遊びに集中して、没頭している様子を見ると驚きますが、そこにこそ子どもたちは、自身が発展させるものに対して本当の影響力をもつことができているのです。

最近の子どもは集中力がない、と大人はよく口にします。もし、それが本当だとしたら、子どもたちはなぜ集中するのか、どのように集中するのかについて考える必要があります。私たちは誰しも、何かに集中したり、没頭したという経験があります。しかし、集中する対象に焦点を絞るには時間がかかるのです。

就学前学校の構造には、子どもが集中するだけの機会を奪ってしまうようなジレンマが存在している場合もあります。今ある構造によって子どもたちの遊びが中断されてしまうという状況は本当によいことなのか、私たちはもっと議論する必要があります。(1)

野外就学前学校の園庭の一部。自然のままの岩盤がむき出しとなっているが、子どもたちのお気に入りの遊び場である。（写真提供：光橋翠）

（1）「構造」という言葉の意味については、三一ページの注（8）を参照してください。

就学前学校の一日では、食事、散歩、サムリング、休憩、創作活動、そしていわゆる自由遊びといった、決められた多くの活動が行われています。このように、一日がいろいろな活動に区切られているために、子どもたちが選んだ遊びが途中で遮られてしまうことがあります。このような事実は、子どもたちが集中する機会に対してどのような結果をもたらすことになるのでしょうか。

就学前学校の構造は、多くの点において長い間変化していません。遊ぶ機会をもっと増やすという子どもたちの希望を取り入れたら、この構造はどのように変わるのでしょうか。

朝、子どもたちが就学前学校にやって来て最初に交わす会話は、「今日、私と一緒に遊ばない？」というものです。そして、この子どもたちは、一日中お互いに関係を保ち続けながら過ごします。しかし、就学前学校の構造に埋め込まれた多くの活動が彼らの遊びを遮っているのです（Tellgren［2004］参照）。

ある就学前学校の先生が、自分の勤務している就学前学校について、そして就学前学校での子どもたちの影響力について、自分たちの考え方をどのように変えようとしたのかについて話してくれました。

――以前は、すべての子どもがサムリングに参加していました。それは楽しい時間でもありますが、子どもによっては長くて退屈に感じる時間となることもありました。「じっと座って話を聞くように」と、何度も子どもたちに話しかけることがありましたし、それによって話が中断するといったこともありました。

お昼ご飯のあと、外に出掛ける前にすべての子どもがトイレをすませ、みんなが同時に出掛けました。一日の活動は曜日と時間によって決められていて、特別な活動をする子どもは名簿に印が付けられていました。

お水を飲みたいときは、先に昼食用の牛乳を飲まなくてはいけませんでしたし、その日の献立にケチャップやマスタードが合わないと先生が考えれば、子どもたちはそれが欲しくても調理場に取りに行くことができませんでした。

私たちがこれまで当然と考えていたことを変えようと試みたとき、子どもたちはそのことにすごく驚きましたが、すぐにその変化に気付いて喜び、とても積極的になりました。今では、就学前学校の教員としてずっと夢見てきたやり方、つまり子どもたちにもっと影響力をもたせ、子どもたちの意思や希望を尊重しながら向きあうというやり方で働くことができています。

私たちが試した新しい取り組みでは、日課としてのサムリング（七三ページの写真参照）は行っていません。子どもたちは、その日にやりたいと感じたり、考えたりしたことを行います。小さい子どもや大きな子どもが一緒になって遊び、お互いに助けあっています。外遊びも、やりたいときにやっています。また、食事の座席も決まっておらず、そのときに遊んでいた子ども同士で場所を選べるようにしています。

就学前学校の大人たちは、子どもたちと多くの会話をするようになりました。それによって子どもの言葉の発達が促されて、今では、どういうことを考えているのか、なぜそれをやっているのかなど、子どもたち自身の気持ちが表現できるようになっています。

このようなことを、子どもの影響力を高める取り組みを行ってきた先生たちの多くが語っています。毎日の就学前学校における決められた活動について、「私たちはこうやっているけど、なぜそうしているのだろうか」と考えている先生がたくさんいます。これは大切な省察ですし、就学前学校での計画のあり方について、さらに検討する準備ができているということを示しています。

就学前学校の先生たちとの会話を通して私たち著者は、日常に存在するさまざまな状況が固定化された仕事になっていく危険性のあることを理解しました。だからこそ、このような状況を変化させていくことが大切なのです。就学前学校の構造に、子どもたち自身の視点や子どもたちの影響力、子どもたちが集中する機会をどんどん反映させていく必要があります。

子どもは自分の遊びをどのように見ているのか

先生が子どもたちに「何をして遊ぶのが好き?」と尋ねると、子どもたちは何について聞かれているのかを理解し、きっと喜んで話してくれることでしょう。そのうえで、先生が子どもたちの遊びに参加できれば、子どもたちの遊びからさまざまなことが見えてきます。

ある研究において、六歳の子どもたちに「就学前学校で一番楽しいことは何か」という質問をしました。子どもたちの答えは、「友達と一緒に遊ぶこと」というものでした。そして、一番大切なことは「たくさん遊べること」というものでした(Arnér & Tellgren [2006])。

同時に、自分たちの遊びがいろいろな理由で遮られてしまうとも話していました。三人の男の子たちは、「一番好きなのは鬼ごっこだけど、室内ではやらせてもらえない」、「部屋で自分たちだけで遊びたいけどじゃまをされてしまう」、「オバケごっこは、前にポットをひっくり返して壊しちゃったから、やらせてもらえない」と話してくれました。

おそらく、子どもたちが一番やりたいことを先生たちが理解していないために、子どもの遊びに必要とされる十分な時間と場所が与えられていなかったのでしょう。それゆえ先生たちは、遊びの世界に関する知識をもっとていねいに活用すべきです。そうすれば、中断してしまうことのない遊びの機会を子どもたちに提供することができます。

就学前学校で起こる多くの出来事は遊びのなかにあります。遊びのなかで起きていることを理解するために、先生たちも遊びに参加し、遊びを観察し、そして子どもたちから遊びについて話してもらう必要があります。

就学前学校の先生は、大学の教育課程で学んだ遊びに関する豊かな知識をもっているはずです。子どもたちは、自分で影響力をもち、自分自身の必要を満たし、意味生成（いみせいせい）（七一ページの注を参照）を行うために自分で遊びを選びます。そうすることで、子どもたちは自分で意味を見つけながら遊びを発展させていきます。このとき、遊びは子どもたちにとって楽しくて魅力的なものとなり、数秒間の遊びが数週間の遊びにつながるのです（Smidt［2010］参照）。

就学前学校に通う子どもは、人生において遊びや創造性、そして空想力が大切な意味をもつ時間を過ごしています。それは、「この石はバカだなぁ、つまずいちゃったよ」とか「この棒切れでケガしちゃった、困った棒切れだなぁ」というように、物事の描写の仕方からも分かります。

就学前学校で働くすべての人は、毎日、子どもたちが空想（ファンタジー）の世界にいて、その世界に引きつけられている様子を目にしているはずです。それだけに、この事実を活用することが大切です。創造する力や境界線をあえて壊したり飛び越えたりすることは、将来仕事をするうえにおいても価値のある能力だと言えます。

では、子どもたちの創造と空想の必要性を最大限に生かしながら、遊びとそのほかのすべきことをどのようにしたら組み合わせることができるでしょうか。多くの子どもたちは、いつも遊ぶ機会を求めています。私たちは、どうしたら空想（ファンタジー）を求める気持ちをつなぐことができるのでしょうか。すべてのことについて、おとぎ話の世界はつくれるのでしょうか。そして、それは望ましいことなのでしょうか。

私たち大人には、目の前に存在する子どもたちと向きあうだけの能力があります。そして、子どもたちがしなければならない、あるいは理解しなければならないと私たちが考えていることに対して空想力を利用すれば、子どもたちに刺激（インスピレーション）を与えることができるでしょう。

就学前学校で働くほとんどの人には、子どもの関心を引きつけるような活動を自らつくりだしたという経験があるはずです。そして、子どもたちがそれによって刺激を受けているのかどうかを示すだけの明確な様子を何度も目の当たりにしているはずです。ここで大切なことは、子どもたち自身が何を理解しているのか、ということです。私たちは、そのことについて子どもたち自身に尋ねているでしょうか。

次に紹介するエピソードには、就学前学校の近くにある小さな森の中で、子どもたちが一定の区域から出てはいけないという状況のもと、先生が「空想」と「遊び」の力を借りて、子どもたちが考えるべきことについて教えている様子が描かれています。

就学前学校での、ある午後のことです。三歳から五歳までの二つのクラスの子どもたち全員（三六人）が、フェンスで囲まれた園庭に出ています。遊んでいる子どももいれば、石の上で飛び跳ねている子どももいます。自分たちで遊んでいる子どももいれば、ほかの子どもの遊びを見ている子どもがいます。

四人の先生が片隅に立って話をしています。就学前学校の外遊びではよく見られる光景です。一見すると、すべての子どもが意味のある活動に取り組んでいるようですが、少し注意深く見てみると、何人かの子どもはとくにやることがないように見えます。三〇分ほど経ちましたが、子どもたちと先生たちの間にはやり取りがまだありません。

園舎の中で仕事をしていたエヴァ先生が急に外に出てきて、大きな声で言いました。

「小さな森に行きたい子はいる？」

フェンスで囲まれた園庭の外には「小さな森」と呼んでいる場所があり、三方向が住宅に囲まれて、一方向だけが小道に面しています。子どもたちは、みんな喜んでエヴァ先生についていきたがりました。子どもたちは出口に駆け寄り、大喜びで森に向かいます。

エヴァ先生は子どもたちの前を走って、小道がある森の入り口に向かいました。そこで先生が立ち止まると、子どもたちも同じく立ち止まり、ワクワクしながら先生を見ています。先生は嬉しそうに、子どもたちがみんな到着するのを待っています。

それから先生は、前かがみになって、興奮した声で言いました。

「みんな、この森の周りには、私たちにしか見えない柵があることを知ってる？　ほら、あそこを歩いているおばちゃんは、ここに見えない柵があることを知らないのよ。私たちだけに見えるの。みんなには、この柵が見える？」

「見えるー！」と子どもたちが叫ぶと、エヴァ先生のようにひそひそ声になりました。

「みんな、小さな森を歩いて回って、見えない柵に穴が開いていないかどうか調べてね。柵の外に出たらダメよ。穴が開いていたら先生が直すから、大きな声で教えてね」

すぐに子どもたちは、楽しそうに仕事に取りかかりました。年上の子どもたちは、小さな子どもたちが穴探しの探検にちゃんとついてきているかどうかを確認

木に登る子ども（出典：『スウェーデンに学ぶドキュメンテーションの活用』60ページ）

していています。みんなが森の縁に沿って長い列になり、見えない柵の穴を探しはじめました。園庭で話をしていた先生たちも、少し離れながら子どもたちについていきました。少し経って、子どもたちが立ち止まると誰かが叫びました。

「先生、ここに大きな穴があったよー！」

エヴァ先生がすぐにやって来て、みんなで穴を修理しました。それからみんなで座ると、この楽しい森の中にある見えないものについて、エヴァ先生が話をはじめました。

このエピソードに登場している先生は、空想（ファンタジー）の力を借りて子どもたちに刺激を与えることで活動がより楽しいものになることを知っていました。また、子どもたち同士の一体感が、共通の経験を通して強められたことも分かります。

ここではっきりと見られる子どもたちの意欲や喜びから、空想力を活用することの重要さがよく分かります。空想力や創造性は、すべての考えや学び、インスピレーションに必要とされる栄養素なのです。先生として、空想や遊びに関心をもつことは何を意味するのでしょうか。遊びは、民主主義の取り組みにおいてどのように関係してくるのでしょうか。

第6章 民主主義の取り組みにおける親とのかかわり

就学前学校に対する親のかかわり

　子どもが就学前学校に通いはじめるということは、親にとっても子どもにとっても、まったく新しい生活を意味することになります。新しい扉が開かれたことで、子どもはほかの子どもたちと出会うだけでなく、生活が豊かで刺激的なものになります。

　一日の生活において、子どもは何時間も親から離れることになります。親と離れては、また親のもとに戻るといった日常を経験することになりますが、親もまた同じことを経験します。毎日、これが繰り返されるわけです。

　親から見ると、自分の子どもをまったく知らない人間に預けるという不安をもつことになりますが、就学前学校に対して積極的に行動することで、子どもを励ます必要があることが分かってきます。就学前学校での生活がどのように築かれるのかという点において、子どもや親に対する先生たちの接し方が重要になることは言うまでもありません。

ここで言えることは、入学前のような状況ではなくなるということです。子どもたちは、新しい環境でほかの子どもたちや大人たちと出会うことになります。子どもの日常生活に関してすべての責任をもっていた親たちは、子どもから少し離れて観察するようになります。このような状況変化によって、親は多くの新しい考え方や経験を自然に体得していくことになりますが、子どものほうも同じように大切な人生の経験をすることになります。

就学前学校ではじまる大きな変化を経験することは、子どもにとっては難しいことだという考え方があるのも事実です。たしかに、そのことが一人ひとりの子どもにとって何を意味しているのかと理解することは簡単ではありません。なぜなら、人生におけるさまざまな出来事が子どもに与える意味について、私たち大人にはまだまだたくさんのことを学んで理解していく必要があるからです。

しかし、私たちは、これまでの研究や経験から、すべての人間が人生の意味を追い求めていることや、私たちが分かちあう日常生活のなかでよい環境を生みだすためにお互いを必要としていることを知っています。新しい環境やさまざまな人と出会うことは、世界観を広げたり、複雑になっていく生活状況に対処したりする機会を私たちに与えてくれる社会化のプロセスと捉えることができます。

それだけに、小さな子どもでも大人とのつながりをもつ機会が必要ですし、とくに、ほかの子どもや大人との関係が生まれるときには、大人からの支援や思いやりが感じられなくてはいけません。そのため、就学前学校への入学ができるだけ望ましい経験となるように、先生たちは子どもたちを観察して理解し、そして手助けする必要があります。

子どもと親は、ともに就学前学校にかかわり、影響を与える権利と機会をもっていますし、すべての先生が民主主義の取り組みに対する責任を負っています。これは、自分自身の行動や、子どもや親に対する接し方に注意を向けるという意味における責任です。

就学前学校では何を行っているのか、それをどのように行っているのか、そしてそれはどういうことにつながると考えているのかなど、教育上の質問に対して先生は答える必要があります。親と先生の間で信頼関係を築くために、先生は親に対してこれらのことについて語れなければならないのです。このような会話を通して、民主主義の取り組みと就学前学校の活動内容がより明確になり、カリキュラムに沿った活動に対して、親が実際に影響を与えることができるようになります。

子どもを入学させるために新しい家族がやって来たとき、その家族が「就学前学校カリキュラム」の内容をすぐに理解することはないでしょう。そのため、先生たちはカリキュラムの内容を示し、それについて親と話し合いをしなければなりません。その際、活動全体に関する基本的な価値として、民主主義の取り組みが含まれていることを強調する必要があります。

民主主義の取り組みを積極的に行っている就学前学校での様子を紹介しましょう。子どもたちは、自らの声で自分自身を表現することで一日の生活に影響を与えるといった経験ができなければならないという例です。

ある朝、母親が娘のキムと一緒に就学前学校にやって来ました。先生がキムに対して、「午前中の過ごし方について、屋外と屋内のどちらがいい?」と尋ねました。

「先生、娘はまだ三歳だというのに、自分で分かっているということでしょうか? 私は外のほうがいいと思いますし、選ばせる必要はないんじゃありませんか。子どもには新鮮な空気が必要ですよ!」

この例は、午前中をどこで過ごすのかについて、子どもが決めなくてはいけないということに驚いた母親の言葉です。この出来事は、子どもに問いかけることの教育上の意味を親にちゃんと伝えていないときに生じる問題や状況を明らかにしています。キムにとっては、自分の考えを伝えるとても大切な場面ですし、自分の考えを聞いてもらうという権利を行使する機会でもあるのですが、母親はそのことに気付いていません。

この状況を、キムの視点から考えればどのように解釈することができるでしょうか。キムと母親は、就学前学校のなかではそれぞれ別の世界にいます。子どもたちは就学前学校での出来事についてよく理解していますが、親たちはそこに自らの生活があるわけではないので、部分的にしか理解していないと言えます。

子どもたちにはより大きな影響力が与えられるべきだという取り組みのプロセス全体にキムはかかわっていますが、母親は就学前学校の一日について、細かなところまで理解していません。さらに、教育上の取り組みに関する発展や変化について、先生たちが常に詳しく説明しているとはかぎりません。

郊外で見られる一般的な就学前学校の外観。赤色の壁と白い窓枠を特徴とするスウェーデンの伝統的な木造家屋（写真提供：高見幸子）

親たちは、ある意味で就学前学校の外にいると言えます。そのため、親にも就学前学校での取り組みにしっかりと加わってもらうように意識することが大切となります。実際キムは、認められればすぐにイニシアティブを発揮します。彼女が示すイニシアティブは彼女自身にとって大切なことですし、自分の意見を述べることで積極性を示せるのです。

この就学前学校の取り組みでは、子どもたちは自分の考えを伝えるといった機会が与えられています。子どもたちは、何でも自分でやってみることができますし、先生たちを信頼しています。だからこそ、子どもたちは自分の行動に責任がもてるようになるのです。

大人たちが信頼感をもって民主的に接すれば、子どもたちは自分の表現スタイルが尊重してもらえるということを学びます。しかし、そのためには、子どもたちの影響力に関する就学前学校の取り組みに、親たちも参加することが極めて重要となります。そうでないと、先に示したエピソードのように、大人たちの理解の食い違いによって子どもは混乱することになります。

民主主義の使命に議論の余地はない

「子どもたちは、イニシアティブを発揮できなくてはいけない」ということについて私たち著者は、先生や親から発せられる疑問に時々出合います。もし、すべての子どもの話を聞かなくてはならないとなると仕事がとても複雑になってしまうのではないか、と先生たちは心配しています。でも、このような心配が、活動の計画を大人が中心になって決めてしまってもよいという理由になるでしょうか。さらに親たちは、一般的ですが、子どもとのかかわりにおいて、子どもの権利に関する問題について議論することに慣れていません。

就学前学校での活動において、子どもたちが影響を与えられるようにするのなら、今ある構造を見直し、子どもたちが影響力をもつために必要なことが何かを見極めるための努力をする必要があります。そのためには、先生たちが就学前学校における民主主義の使命についてしっかりと考え、よく理解しておく必要があります。

私たち著者は、長年にわたって、就学前学校に子どもを預けている親たちとさまざまな機会において話をしてきました。あるとき、子どもの権利と就学前学校での子どもの影響力について親の経験を聞くことができました。自分の子どもを民主主義の取り組みを進めている就学前学校に通わせていた母親が、「就学前学校において子どもたちが影響力をもつべきだということがどういう意味をもっているのかについてよく分かっていなかった」と話していました。

> もし私が、子どもたちには一日の流れに影響を与える権利があることの意味を理解していたら、きっと就学前学校の取り組みについて興味深く感じることができたでしょう。

――

もし、この母親が、就学前学校における民主主義の取り組みについて先生たちと話をすることができていたら、子どもの影響力についての考え方が変わり、知識や理解を深めることができていたと思われます。就学前学校の先生が親たちに関心をもたせるように教育活動を進め、それが習慣になれば得られるものはとても大きくなります。

私たちは、就学前学校での生活における親の理解という面に注目し、それをしっかりと深めていく必要があります。そのため、親たちが何を考え、就学前学校に対してどのような意見をもっているのかについて、先生たちに対して伝えることが求められます。

もし、先生が親との協力関係を築こうとするならば、「就学前学校カリキュラム」の内容とその実施の仕方について親と話し合う必要があります。その際、就学前学校全体にかかわるような大きな問題と、その日の子どもの様子はどうだったのかというような日々のささいな事柄の間において、どのようにバランスを取るべきでしょうか。

親自身のこれまでの経験の違いから、先生に対する質問もさまざまなものになります。たとえば、第一子を就学前学校に預ける親からの質問と、第三子を預けている親からの質問はまったく異なったものになるでしょう。いずれにしても、親が発する質問の一つ一つに先生たちが本当に関心をもっていると親たちが感じれば、開かれたよい関係が自ずと築けるはずです。

親たちが就学前学校の目標と活動内容をしっかり理解して参加するために、就学前学校の取り組みをどのように伝えればいいのでしょうか。「就学前学校カリキュラム」には次のように記されています。

親は、国民全体の目標という枠組みのなかで就学前学校の活動に参加し、影響を与える機会をもたなければならない。就学前学校の目標と内容を明確に示すことが、子どもと親が影響力を与えるための前提条件となる。

親たちは子どもの影響力についてさまざまな考えをもっていますし、自分の子どもにとって最善となる利益を望んでいます。子どもは一日の生活に影響を与えるべきだと考える親もいれば、もう少し大きくなってからでもいいと考えている親がいます。就学前学校における民主主義の使命について論じる場合、これらの考えに対しては議論の余地がありません。子どもたちは声をもつ権利があり、年齢にかかわりなく話を聞いてもらえなければなりませんし、子どもたちの考えは尊重されなければならないのです。

また、就学前学校の環境は、民主主義に関する子どもたちの学びにとって望ましいものでなければなりません。それは、あるときは「私」について、あるときは「あなた」について、そして多くの場合、「私たち」についての学びとなります。つまり、私たちは、誰もが対等な条件のもとで、ともに生きることができなければならないということです。

このように説明すると、理想主義に聞こえるかもしれません。事実、就学前学校の環境は、対立のない平坦なものではありませんし、また、そうあるべきものでもないことを強調しておきます。就学前学校は多くの人間が出会う環境であるからこそ、先生たちは興味深くもあり、複雑でもある多くの状況や困難に対応しているのです。

毎日の決められた仕事を価値あるものにするには

就学前学校での職業に就いている人と接するときは、その職務において「毎日の決められた仕事（ルーティン）」と呼ばれている文脈に注意を払う必要があります。

「私たちは、毎日の決められた仕事で忙しく、子どもと一緒に過ごす時間がありません」

これは、私たち著者が就学前学校で聞いた不満の一つですが、先生たちの仕事の単調さや変化のなさを示していると言えます。ただし、同時に、就学前学校の先生は、毎日の決められた活動や仕事によって守られているという一面もあります。

就学前学校の先生たちは、子どもたちが毎日の決められた活動に慣れることで、あれこれと質問されないように期待しているところがあります。つまり、毎日の決められた活動や仕事というのは、子どもたちを守るだけでなく、それと同じぐらい先生たちを守るものであると考えられているのです。そして、毎日の決められた内容を中心とする就学前学校の活動は、子どもたちはしつけの対象である、ということを意味します（Palla［2011］）。

しかし、もし「ルーティン」と呼ばれる活動や仕事が子どもと先生の相互関係や学びを促進するものであると考えるならば、ルーティンに対する見方を変えることができます。私たち著者は、就学前学校における毎日の決められた活動や仕事の状況というのは、そこにいるすべての人々の関係やコミュニケーションを生みだすために大切なものであり、民主主義の取り組みを実行するだけの可能性にあふれたものだと考えています。ある先生が次のように言いました。

――毎日の決められた活動のなかで、私たちは多くのことを学んでいます。子どもたちも私たち大人も、とても大切な経験をしているのです。

一方、ある親が次のように語ってくれました。

――就学前学校の低年齢児クラスである問題が起きました。先生たちは、もすぐ二歳になる男の子のオムツ替えのとき、子どもがオムツ台に寝ないために困っていました。彼は、どうしても横になりたがらなかったのです。先生たちはどうしていいのか分からず、問題だと考えて親に伝えることにしました。

親は、先生たちがこの状況を問題として捉えたことに驚き、オムツ替えのときにも子どもは影響力をもつのが当たり前だと考えました。親の目には、その子どもの要求を認めてあげて、違うやり方でオムツを替えるのが自然であると映ったのです。

このエピソードには、オムツの替え方について、子ども、親、先生という三つの主体がかかわっています。この男の子の反応から、自分の言いたいことを聞いてもらいたいと思っていることが分かります。彼は、オムツ替えのときに何か気持ちのよくないことがあるため、そのことを単純に表現しているだけなのです。

就学前学校におけるすべての出来事にはさまざまな意味が含まれていますが、ある出来事が起きているときには、必ずそこに何か特別な意味があります。もし、子どもが悲しんでいたら、それにはちゃんとした理由があるのです。子どもたちは従属的な立場に置かれているため、子どもたちが何か大切なことを伝えたいと思ったとき、安心して表現できるような、共感と思いやりをもった大人を必要としているということです。

就学前学校でのオムツ替えは日々繰り返されていることなので、「ルーティン的な状況」と呼ばれています。ここで視野を広げて、私たちにはこの状況を「単なるルーティン」以上のものとして捉えるように努力する必要があります。就学前学校のなかで起こるすべての出来事において、それがルーティン化されているかどうかにかかわらず、教育的な取り組みを賢く、巧みに取り入れるのです。

ルーティンと見なされる活動で、子どもと大人にとってさほど重要でないということはあるのでしょうか。ルーティン、またはルーティン的な状況というのは、就学前学校で使われている概念であり、毎日何度も繰り返され、習慣となっていることを指します。多くの場合、ルーティン的な状況はすぐに終わりますので、あらかじめ準備されていたとおり速やかに対応してしまうものです。

でも、ちょっと待ってください！　このように繰り返される出来事はなぜ「ルーティン」と呼ばれているのでしょうか。私たち著者は、子どもたちに影響力をもたせることで、ルーティン化された出来事にも新しい価値を与えたいと考えています。

もし、子どもたちが、ルーティン的な状況においてもしっかりと影響力をもつことができれば、大人はこれらのことに対して、「単なるルーティン」以上の価値をもたせることができるようになるでしょう。そして、子どもたちが着替えたり、食事をしたり、外に出掛けたり、手を洗ったり、トイレに行ったりといった就学前学校で繰り返されている日々の出来事に対して、もっとさまざまな見方をもつことができるようになるはずです。

まずは、「ルーティン」と呼ばれる毎日の出来事のなかで、子どもたちが何をしているのか観察してみてください。ルーティンにはリスクが存在します。それは、私たち大人が、その出来事に対する考え方をルーティン化してしまうというリスクです。そして、ルーティン化された出来事は、振り返って見つめ直すこともなく過ぎ去ってしまいます。

ルーティン化された働き方というのは、子どもたちへの接し方にも表れます。たとえば、私たち大人は、子どもたちが発揮するイニシアティブに対して「ダメ」と言うことがよくあります。子どもたちは大人に、自分が大切だと思っている何かをしたいと伝えているわけですが、私たちはまるで習慣のように、すぐに「ダメ」と答えてしまっています。

子どものオムツ替えは、前述したように、就学前学校でのルーティン的な状況にあたります。先生たちは、オムツ替えの仕方を変えることに反発しているわけではありません。しかし、就学前学校で繰り返し行われている仕事に対して、子どもたちと一緒に、意義のある時間に替える機会があることには気付いていません。

子どもたちが民主主義の発展において制限されたり、妨げられたりしないように、就学前学校のスタッフ（調理師なども含むすべて）はルーティンのように行われている出来事に注意を向ける必要があります。先ほどのオムツ替えの例では、子どもは明確に自分の意志を示しています。

このように、子どもが何か行動するときには常に理由があるのです。

この出来事は、子どもにとって心地よくない状況において、先生と親がどのように協力して子どもに接したらいいのかという例を示しています。親は、実際に起きた状況よりも、子どもはオムツ替えにおいてもっと影響力がもてたはずだ、と考えました。このとき、子どもが影響力をもつ権利に関する親の考えと、その後に行われた先生たちとの会話が、先生たちにとってはよい道案内となったわけです。

先生たちがすぐに解決策を見つけることができなかったのは、体に染みついた考え方や振り返りをしなかったという働き方が関係していたからでしょう。しかし、先生たちが問題だと考えたことについて、先生と親の間で話し合いがなされ、それがオムツ替えにおける子どもの反応についての問題提起につながりました。これによってすべての人が、問題提起、考察、会話を通じて、お互いに学ぶことができたと言えます。

ルーティン化あるいは習慣化されていると考えられるもう一つの例は、就学前学校に入学したときの場面です。子どもたちは、入学するときでも影響力をもつことができるのでしょうか。もちろん、できます！　なぜなら、入学というのは、一人ひとりの子どもにとってまったく違う経験となるからです。

次に紹介するエピソードをじっくりと読んでください。

ある就学前学校の先生が民主主義の使命について考察し、就学前学校の一日について次のように語りました。

「私たちは民主主義の使命がもつさまざまな意味についての理解を深めようとしていますが、それについて私はある疑問を抱くようになりました。それは、子どもたちは入学という出来事を通して影響力をもつことができるのだろうか、もしそうであれば、それはどのようなものか、という疑問でした。そこで私たちは、そのことについて検討してみることにしました」

その日は、一歳のアミラが就学前学校に入学する日でした。この就学前学校の入学では、子どもと親が一緒にやって来て、一日目は三〇分ほど滞在し、その後、滞在時間を少しずつ延ばしていくようにしています。金曜日になると、子どもは一緒に食事もできるようになり、より複雑なことをするようになりますが、それでもまだ就学前学校でのすべての活動においては付き添いが必要です。

この就学前学校では、入学の際に、子どもへの保護と特別な支援を行う担当の先生が付き添う必要があると考えられてきました。アミラの入学ではヘレン先生がその役割を担い、一歩退いたところからアミラがどのようなイニシアティブを発揮するのかを観察し、母親はその様子を見守っていました。

先生と母親が壁のそばに座って話をしていると、アミラは母親の近くに座って、あたりを見渡しています。アミラは、最初は母親のほうばかりを見ています。それから少しずつほかの子どもたちのほうに目を向け、その子どもたちを眺めるようになりました。

彼女はブロックを見つけて、それを口で吸いはじめると、突然、ずっと向こうにいるアーロンを見つけました。アーロンは生後一四か月の男の子で、アミラと同じようにブロックを吸っています。

二人はお互いをじーっと見つめあって、急に笑いだしました。その瞬間、二人は向きあって、和やかにコミュニケーションをとりはじめました。それから二人は、向きあいながら床に座って笑いはじめました。

ヘレン先生はというと、母親と話をしています。四五分ほどが経っていたので、アミラはそろそろ家に帰る時間になっています。アミラとアーロンの出来事に気付いていたヘレン先生が母親に言いました。

「入学規則では帰る時間ですけど、今、アミラは帰らなくてもいいんじゃないでしょうか。いつ帰るか、彼女自身に決めてもらうようにしませんか」

母親はその考えにとても喜んで、就学前学校に残ることにしました。アミラはアーロンとの遊びの真っただ中にいたのです。就学前学校での一日目なのに、アミラは家に帰るまで六時間も就学前学校にいたのです。

アミラは、自分の希望がかなえられる形ですべての出来事に参加しました。彼女はアーロンの近くにいたかったのです。そして、アーロンもまたアミラと一緒にいたかったのです。

次の日も、二人の楽しく刺激のある遊びが繰り返され、アミラはアーロンと同じ時間だけ就学前学校にいました。

しかし、三日目、アーロンはおばあちゃんのところに行くために就学前学校に来ませんでした。アミラは寂しそうにアーロンを探しました。その日は、三〇分も経つとアミラは帰りたい素振りを見せました。そして翌日、アーロンが戻ってくるとアミラは、また一日を就学前学校で過ごしました。


この状況について考えてみたいと思います。就学前学校での滞在時間を延ばしたことで、アミラは入学という出来事に影響を与えることができたのでしょうか。私たち著者は、そのとおりだと思っています。就学前学校に対する信頼ということに関して、彼女には大きな意味があったと考えられます。そして、大人たちの知識と洞察によってこのような入学が可能になったのです。

どのような瞬間に、就学前学校でルーティン的な出来事が生じているのか、そしてそれが、どのように新しい考えを妨げてしまう可能性があるのかについて注意を払わなくてはいけません。

このエピソードで示されるように、新しい考えをもつことによって、子ども自身が入学の場面において影響力をもつことができたわけです。つまり、入学というような特定の状況でも、子どもたちに時間と機会が与えられれば、子どもたちは「安心」と「喜び」を生みだすことができるのです。

この入学の例で特徴的なことは、アミラとアーロンがお互いにコミュニケーションをとるというイニシアティブを発揮し、それを大人たちが見守っていたというところです。子どもたちは新しい環境を理解するためにいろいろなことを試します。子どもたちの出会いに大きな意味があると大人たちが理解することは、子どもたちにとっては大いなる価値となります。このケースでは、アーロンがいる間は就学前学校にいたいとアミラが望み、大人たちがそのことを理解したと言えます。「友達と一緒にいたいから、おうちにはまだ帰らない！」と。

積木で遊ぶ子どもたち。オルゴナ就学前学校のＫ（文化）コーナー（出典：『スウェーデンに学ぶドキュメンテーションの活用』53ページ）

第７章 就学前学校と基礎学校における民主主義

なぜ、私たちはお互いに語りあう必要があるのか

私たちは、就学前学校において民主主義を発展させるために、会話のもつ役割をどのように理解することができるでしょうか。会話というのは、就学前学校の基本的な価値に関する取り組みにおいて大切な意味をもっています。

会話のなかでは、お互いに向きあい、話し合い、同意をしたりしなかったり、何かの結論にたどり着いたり、たどり着かなかったりします。実際の日常生活のなかで民主主義の価値を理解しようとする取り組みにおいて、会話はその能力を発展させていくための方法であると私たちは考えています。

就学前学校では、尊重と寛容に満ちた会話の時間をつくりだし、すべての人がお互いに耳を傾け、お互いの意見を聞いて、学びを得られることが必要となります。それが、就学前学校がもつ共同的な環境において、民主的な日常生活を生みだす術（すべ）となるのです。

先生たちは、どうしたら子どもたちが示すさまざまなイニシアティブを互いに調和させながら実現できるのかということについて、子どもたちと話し合う必要があります。私たちの経験によれば、子どもたちは大人と話すことを望んでいますし、自分の身の周りの出来事や空想（ファンタジー）について大人に伝えたいと思っています。

あなたは、幼いときに語った自作のおとぎ話を聞いてもらったことを覚えていますか？　自分でつくったおとぎ話が形になり、それに夢中になったときの気持ちを思い出すことができますか？　これらと同じような魅了される気持ちを、子どもたちの物語から経験することはできていますか。

もし、あなたが子どもたちに何かを語ってもらいたいと本当に願えば、子どもたちは語ってくれるはずです。とはいえ、時には時間が足りないために、椅子に座って子どもたちとじっくり話ができないということもあるでしょう。

すべてのクラスに、ゆったりとしたひじ掛け椅子が置かれている就学前学校を想像してみましょう。そして、先生がその椅子に座ると、しばらくの間、先生がそこに座ったままになることを子どもたちが知っているとしましょう。子どもたちは、先生がただ一つの願いをもってその椅子に座ることを心に描きます。その先生の願いとは、「クラスの子どもが一人で、または何人かで、ひょっとしたらみんなで椅子のところまでやって来て話をしてくれたらいいな……そして、先生自身の話も聞いてもらえたらいいな」というものです。

私たちは、子どもたちが大人を待ち焦がれていることがよく分かる多くの出来事を知っています。子どもたちは、大人たちと遊びたくて、そばにいたくて、大人が知っていることをすべて知りたくて、好かれたくて、愛されたくて、大人たちを求めているのです。でも、それとはまったく反対のこと、つまり子どもたちが私たちにまったく話をしたがらず、遊びたがらず、私たちのことについて何も知りたがらないということも起こります。もし、そうなったら、先生たちは関係をよくするために何かをしなければなりません。

では、大人たちが子どもたちと会話をするという就学前学校の文化をどのようにすればつくりだすことができるのでしょうか。そして、そのようなことは実際に可能なのでしょうか。

子どもたちとの会話についてもっと学びたいという私たち著者の希望がかなえられ、小学校一年生から六年生までの子どもたち（一二人）と話をするという機会を得ることができました。そのときのやり取りを、ここで紹介したいと思います。

子どもたちが、私たちと一緒に一つのテーブルに着いています。私たちは次のような質問をしました。

「もし、自分で決められるんだったら、学校のなかで変えたいことはある？」

一人目の男の子が嬉しそうに、サッカーボールとサッカーゴールが欲しいことと、休み時間はもっと長いほうがいい、と答えました。次の子どもは、答えるときに少し不安そうな様子でした。そして、うつむいたまま、ほとんどささやくような声で、一番目の男の子と同じ希望を答えました。

三番目の男の子も同じことを答えました。そこで私たちは、ある問題を起こしてしまったと理解しました。つまり、一番目の男の子の答えを私たちが肯定的に受け止めてしまったことで、ほかの子どもたちがそのことに気付き、それが正しい答えだと思ってしまい、同じ答えを繰り返したということです。


この子どもたちが、私たちが発した質問に対して、正しいのか間違っているのかを知るために答えを求めていると捉えていることは明らかでした。そこで私たちは、問い方を改めて、「私たちのために話をしてくれるように」と子どもたちにお願いしました。そうすると子どもたちは、すぐに生き生きと、楽しそうに話してくれるようになりました。

「話をしてほしい」という表現だけで、子どもたちは率直に話ができるようになったのです。つまり、正解したいと子どもたちが考えるような質問をするのではなく、すべての子どもたちが話したくなるような文脈や問い方、そして想像力や雰囲気が必要であることを知ったのです。

人間がかかわるすべてのことは、物語として再現できます。誰かに何かを話すということは、二人あるいはそれ以上の人々との出会いを意味しますが、そこには思いがけないインスピレーションが生まれます。とはいえ、人に話をする場合、どのような方法で魅力的なものにすればいいのでしょうか。

私たちは話をするとき、自分で話をつくりだしたり、誰かが話したことを再現したりします。その話のなかで、自分の考えや言葉、想像力を発展させることができます。子どもたちも、話をする機会さえあれば、自らの考えや言葉、そして想像力を発展させることができるのです。

子どもたちは、日常生活について話し、自分が考えていることや望んでいることについて話をするという機会に慣れる必要があります。子どもたちとの会話に関する私たち著者の経験によれば、子どもたちが喜んで話をするためには、大人との信頼関係が必要となります。かつての研究において、心配していることについて子どもたちに話してもらったことがあります。その心配事について「誰か大人に話したの？」と子どもたちに尋ねたところ、いろいろな答えが返ってきました（Arnér & Tellgren［2006］参照）。

「これは、ママには話せないよ。だって、すごく心配するんだもん」
「パパには話せないよ。だって、あまり嬉しそうじゃないことが分かるもん」
「先生には話せないよ。だって、ほかの先生に話しちゃうもん」

もし、子どもたちに話をしてもらいたいのなら、子どもたちが話すことに私たちが本当に関心をもっていること、そして私たちを信頼してもよいということを示さなくてはいけません。ここに示した例では、話す必要がある心配事に対して、大人がどのような反応を見せるのかについて子どもたちは不安を抱えていることが分かります。

でも、子どもたちは、大人たちと向きあうときにはいろいろな戦略を使います。というのも、子どもたちは大人たちとのコミュニケーションの結果がどうなるのかについてすでに学んでいますし、ある出来事について話をすることで、何かを危険にさらしてしまう可能性があることも知っているのです。

子どもたちは、大人が考えている以上に自分のことについて話す内容をもっています。ですから先生たちは、子どもたちが話をしたがる理由、逆に話をしたがらない理由に関心を向ける必要があります。ここに、大人が学び、理解すべき多くのことがあると言えます。

私たち著者は、「就学前学校では会話の時間が少なすぎる」と先生が話している様子を見たことがありますし、子どもたちとの会話や子どもたちに話をしてもらうことを大切にしている先生がいることも知っています。

しかし、大人たちが子どもたちとの会話に注意を向けようとすると、あまりにも細かなルールなどをつくって、子どもたちが話をするときに心地よさが感じられないというリスクを生じさせてしまいます。ですから、子どもたちと会話をするという行為が就学前学校の日常に溶け込んでいる必要があります。先生たちは、一人ひとりの子どもが自分の考えを表現できることの価値について常に考えておくべきです。

長年にわたって私たちは就学前学校や基礎学校で発展的な取り組みを行ってきたわけですが、そのなかで子どもたちが話をすることは、就学前学校の活動や先生たちの経験と考えを可視化するという中心的な役割を担っていました。と同時に、就学前学校の生活に関する子どもたち自身の見方も大切なものとなっていました。

私たち著者は、先生に就学前学校や基礎学校でのさまざまな出来事を文書に記録してもらい、さまざまな視点からそれを分析するという取り組みを行いました。そのなかで、子どもたちの話を先生たちが理解するためには、子どもたち自身の視点や理解がとくに大切な手がかりとなりました。どんなに些細な出来事であっても、それを描写することで、これまで大人たちが理解してこなかったことが見えてくるようになったのです。

ある先生がクラスの生徒全員に、「朝、登校するときに何を考えていますか？」と尋ねました。この質問は、多くの子どもたちにとっては些細なこととは言えないものでした。

子どもたちには「暗闇の恐怖」という経験があるため[1]、ある生徒は別の方向からやって来る友達に出会うことを嬉しそうに話したほか、別の生徒は学校に遅刻してしまうかもしれないという心配を口にしました。それ以外にも、その日に行われる算数の授業のことを考えていた、と話してくれた生徒もいました。

この先生は、子どもたちが登校するときにいろいろなことを考えている事実に驚きましたが、そのおかげで、いろいろな経験をもっている子どもたちに対して関心をもって接するきっかけとなりました。もちろん、子どもたちにとって

スウェーデンの冬は日が短いため暗い中で子どもは登下校する（写真提供：MaxPixel）MaxPixel.net-Vettershaga-Architecture-Sweden-Winter-House-Home-107566

も、学校生活において大切な意味があることが分かりました。

質問に対する回答を求める代わりに子どもたちに話をしてもらうことで、これまで理解することができなかった意味を見つけだすことができます。では、自由に、思い切って子どもたちに話をしてもらうためには何が必要でしょうか。先生たちは、どのようにすれば子どもたちの話に対して敏感に反応することができるのでしょうか。

話をする機会があると、子どもたちは私たちに何を見せてくれるのか

小さな子どもでさえ、話したい事柄をもっています！　私たち著者は、ある就学前学校での出来事を手がかりに、二歳の男の子がとても悲しんでいる状況について省察する機会を得ることができました。

私たちがその就学前学校を訪ねたとき、向こうのほうから、明らかに長い時間泣いているであろう男の子の声が聞こえてきました。カッレという二歳の男の子が、三人の先生の前で

（1）スウェーデンの冬は日照時間が極端に短く、子どもたちは長い期間、暗い時間帯に登下校をしています。

嗚咽（おえつ）しながらこう言っていました。

「手を握らないで！　絵も見ない！　先生、座らないで！　おしゃぶり！」

彼が言っているのは次のようなことです。

僕は、これまでにないくらい悲しい。先生たちは僕を慰めようといろいろなことをするけど、僕はまったく興味がないし、そういうものじゃダメ。今、僕が欲しいのはおしゃぶりだけなの。

この就学前学校の規則によれば、このときの彼を守ってくれることになる唯一のおしゃぶりは、与えてはいけないことになっています。この就学前学校には、日中におしゃぶりを使ってはいけないという規則があったのです。朝、登園したときにそれを棚に置いて、家に帰るときにそれを持って帰るという規則になっていました。

就学前学校のように、複雑で多様な世界において規則を設けることは合理的な手段だと言えます。しかし、「就学前学校カリキュラム」が示すように、もし子どもたちが話を聞いてもらう機会をもち、就学前学校での生活に影響を与える存在だとしたら、規則の運用に対して問題提起をしたり、見直しをしなければなりません。

この二歳の男の子は、難しい状況において、自分の声を聞いてもらおうと必死にもがいています。彼には、この状況を解決するための明確な考えがあります。ですから私たちは、お互いを理解し、インスピレーションを与えあうために、子ども自身が話していることを活用しなければなりません。このようなとき、新しい挑戦として次のような問いを立てることができます。

- どのような状況や文脈において、子どもたちは自分の話を聞いてもらうことができるのか。
- どのような状況や文脈において、子どもたちは自分の話を聞いてもらうことができないのか。
- 就学前学校の規則は、どのようなものが合理的だと言えるのか。
- ある特定の子どもが意味を探究したり、表現したりするために、先生は規則や原則から逸脱してもよいのか。

エピソードに登場する先生たちは、子どもの視点（子ども目線）に立って、男の子を慰めようとしていたと言えます。しかし、子ども自身の視点[2]、つまりこの男の子の視点に立てば、おしゃぶりの代わりとなる慰め方ではなかったようです。

このような状況は、就学前学校ではよく見られる光景でしょう。子どもたちの前で起きるさま

（2）「子どもの視点」と「子ども自身の視点」との違いについては、第8章で詳しく説明されています。

ざまな状況において、多くの先生がより良い解決策を見つけようと努力しているわけですが、これまでの研究や私たち著者の観察によれば、多くの場合、子どもたちの視点が欠けていると言えます。

このエピソードにおいて、カッレ自身の視点を認めてあげたらどのようなことが起きるのでしょうか。カッレが、次のように自分自身の気持ちを表現できたと想定してみましょう。

> 今、僕にはたった一つだけお願いがあります。それは、おうちに帰って、ママやパパと一緒にいることです。今は、それができないことは分かっているけど、こんなに悲しいんだったら、ちょっとの間だけでもおしゃぶりを吸わせてください。
>
> 僕は、朝、就学前学校に来たらおしゃぶりは棚に置かないといけなくて、おうちに帰るときまで取っちゃいけないという決まりがあることを知っています。先生たちは、あの手この手を使って、僕におしゃぶり以外のものを選ばせようとするけど、なんでそんなことをするのか、僕には分かりません。

子どもたちが日常に対して影響力をもてるようにするという就学前学校の使命や「子どもの権利条約」から見て、このエピソードはより広い意味において捉えることができます。カッレが悲

しんでいるこの状況で、おしゃぶりを吸いたいという彼の希望を認めないことは合理的とは言えません。むしろこれは、「規則による支配」と「子どもの影響力」との間に生じる力関係の争いだと考えることができます。

カッレは、先生の膝に座って慰めてもらいたいんだ、と想像することはできます。でも、そうではないということをカッレ自身が示しているのです。先生たちは、カッレとの関係においては優位な立場にあり、そして賢く、巧みなやり方でこの状況に対応しなければならないという役割を担っています。

私たち人間は、誰もが人生のなかにおいて生きる意味を追い求めています。そのことに年齢は関係ありません。まだ長い時間を生きておらず、そのうえ大人との関係において従属的な立場にいる子どもに対しては、大人が子ども自身の視点に近づいていくという努力が必要となります。つまり、子どもの状況に大人自身を置いてみるという努力が求められているのです。

ある出来事を完全に解釈することはほとんど不可能なように思えますが、それでも、そのことについてしっかりと考え、起きていることを理解するために、さまざまな視点を活用することはいつでも可能なのです。

次は、ある教師が学童保育の場において子どもたちにしっかりと関心をもち、教師自身の感情を打ち明けたというエピソードを紹介しましょう。

ミカエルは、学童保育教師を目指している学生でした。最終学期では、週三日の実習と週二日の学習が学校でありました。実習期間は一月にはじまり、学期の終わりまで続きました。五月の終わり、ミカエルは一人の担当教師に連絡を取り、次のように伝えました。

「最終学期中に起こったことについて、僕は先生にお伝えしないといけないことがあります。僕は、やっと子どもたちを発見しました」

　先生が席に着くと、ミカエルが話はじめました。

「一月の実習初日、一人の先生が僕のところにやって来て、ほかの先生は緊急の会議があるので、子どもたちのおやつを用意してもらえないかと頼まれました」

　ミカエルは積極的で明るい性格で、もちろん「おやつの準備をしますよ」とすぐに答えました。「五八人分のおやつですね、分かりました」と。

　ミカエルは、子どもたちと一緒にテーブルを用意して、どのようにみんなでおやつを食べたのかについて話しました。

　おやつが終わると、子どもたちは走って外に遊びに出ていきました。外では雪が降っていて、子どもたちはミカエルに外の様子を見せたくて、急いで外に来てほしいと伝えました。でもミカエルは、二人の子どもと室内に残って、三人でいろいろなことを話しはじめていました。

「僕たちは、真剣に話をしていました。そのうち、ドアが開いて、外にいた何人かの子どもたちが顔をのぞかせて、なぜ外に来ないのかと不思議がっていました。僕ら三人がそこに座って、真剣に話している様子を見ると、そのうちの一人が『何してるの？　叱ってるの？』と尋ねました」

たしかに、基礎学校で一人の大人と二人の子どもが座って真剣な様子で話をしていたら、そのように見えるでしょう。ミカエルが子どもたちに答えました。

「叱っていないよ。ただ座って、話をしているだけだよ」

その様子ですが、子どもたちにはすごく魅力的なものに見えたようです。次から次に子どもたちがやって来て、気が付いたら五八人の子ども全員がミカエルの周りに集まっていました。

おやつのあとのテーブルや床の掃除はまだ終わっていませんでした。ミカエルは、すべての子どもたちが会話に参加して、みんながとてもたくさんのことを話してくれたことを伝えました。そして、話を続けました。

「なぜ、そうなったのかは自分でも分かりません。でも、急に僕は、自分が本当はすごく悲しい気持ちであることを子どもたちに話しました。僕は、一か月前に父親を亡くしています。そのことを子どもたちに話すと、また悲しくなりました。そこで、あることが起きました。

子どもたちが、次々に僕のところに近づいてきたのです。すると、僕は守られているような気持ちになりました。みんなが、僕を慰めようとしたのです。僕は、夜になるとすごく悲しい気分になることも話しました。子どもたちはみんな、夜に悲しくなるのがどういうことなのかを知っていました。そこで、僕たちは、夜に悲しくなっても大丈夫なように、日中にどのようなことをしておいたらいいのかについて想像することにしました。小さいオモチャを買ってブランケットの下にしまっておく、懐中電灯を買っておく、本をしまっておく、おやつの入った袋をしまっておく、そして、大人に見つからないようにしなくちゃダメだよ、と話しました。それから僕たちは、どうやったら心地よく寝られるベッドになるのかについても話しました。要塞みたいなベッドがいいよ、鳥の巣みたいなのがいいな、と僕たちはずっと話をしていました」

そこに一人の親が迎えにやって来て、会話はそこで終わりました。二年生の男の子がやって来て、ミカエルに言いました。

「ミカエル、お願い。明日もこれをやろうよ。みんなやりたがっているし」

子どもたちはこの出来事に、「空想クラブ」という名前を付けました。次の日から、子どもたちはミカエルに会うと尋ねるようになりました。

「ミカエル、今日は空想クラブをいつやるの？」

なぜ、子どもたちとミカエルは、その後も会話を続けたくなるぐらいこの時間に魅了されてしまったのでしょうか。

私たち著者は、自分の人生についてほかの人に話す機会があるということこそ、本当に人間的であると考えています。人生というのは、往々にして早く過ぎ去ってしまうもので、いずれ私たちは時間が足りないということを知ります。そのような時間のなかで子どもたちは、大切なことについて大人と話をしたい、お互いに話をしたいという希望をもって生きているのです。

会話の力を借りることで、ミカエルはそれまで経験したことのなかった方法で子どもたちと出会うことができました。それは、寛大さや真剣さ、インスピレーションに満ちあふれた本物の出会いと言えるものでした。

ミカエルは、子どもたちが日常について話をしたがっていることを理解し、子どもたちが自分のことについて話すことができる機会をもちました。そして、ミカエルは、子どもたちと真剣に会話ができたこと、そして子どもたちがとても集中していた状況を見て、とても満たされた気持ちになったのです。

私たち著者は、このエピソードの最後に発せられた子どもたちの問いかけから、子どもたちは心から大人たちを求めていると解釈するに至りました。「子どもたちには、私たち大人がいなくてはならない」と考えたわけです。

ミカエルは、もうすぐ学童保育の教師としての仕事に就きます。彼は、教師となるための訓練を終えるところでした。彼は最後の実習のなかで、向きあっていた子どもたちの真の姿をようやく発見し、子どもたちが話したがっていたことに気付きました。子どもたちとの出会いによって生まれた出来事から、彼は大きな影響を受けることになったのです。

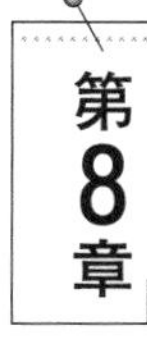

第8章 視点

子どもの視点と子ども自身の視点

私たち人間は、それぞれ異なる視点や考えをもっています。しかし、ほとんどの人が、自分自身の視点については気付いていないものです（von Wright［2000］参照）。意識的に選んだある一つの視点で何かを見たり、誰かを見るということは、そこに特別な視点を向けることになります。就学前学校において一般的に見受けられるのは「子ども目線」というものですが、これはよく知られている概念です。

「子どもの視点（子ども目線）」と「子ども自身の視点」を区別することがとても大切です。私たちが「子どもの視点（子ども目線）」と言う場合、それは大人がどのように子どもや子どもの状況を見ているのかということを意味します。しかし、「子ども自身の視点」と言う場合は、子どもたちの生活に関する子どもたち自身の考え方を指します。この視点の違いは、ある出来事について大人が話したことを、子ども自身が話した場合と比較すれば明確になります。

私たちが本当に他者を理解したいと思えば、会話という手段が大切となります。子どもたちとの会話によって明らかになるのは、それぞれの子どもがもっている視点も生活状況や経験によって異なるということです。「子ども自身の視点」を理解していると話す大人は多いのですが、実際に子どものことを話すときは、たいてい子どもに対する大人の目線、つまり「子どもの視点」になっているものです。

ここでは、子どもたちに深く関係している状況において、子どもたち自身の話を聞くことを通して、先生たちはどのように「子ども自身の視点」を学ぶことができるのかということについて話していきます。

次に紹介するエピソードでは、ある教師が受けもっている五年生の生徒たちに、三者面談についての考えを尋ねたときの様子が語られています。

> 私たちは、四年生から六年生の生徒を対象とした三者面談を目前に控えていました。私たち教師は、準備や見直し作業、そして面談そのものでとても多くのことを要求されていると

考えています。生徒たちの影響力に関する取り組みでは、とくに教師が担うべき仕事についてよく議論が行われていました。そんなとき、取り組みの責任者から次のような質問がありました。

「三者面談について、生徒たちは何と言っていますか？」

私たちは、取り組みの大部分についてはしっかりと進めていますが、同時に、とても骨の折れる作業であると説明しました。すると、また質問がありました。

「そうですか……。でも、三者面談について生徒たちは何と言っていますか？」

そのとき、私は困ってしまいました。というのも、私たちは三者面談に対する生徒たち自身の考えについてはほとんど知りませんでしたし、生徒たちにそのことについて尋ねたことがなかったのです。次の打ち合わせまでに、生徒一人ひとりに対して、三者面談についてどのように考えているのかを教師が尋ねることになりました。

その結果は驚くべきものでした。生徒たちは、誰一人として、この面談を楽しみにしていないことが分かりました。その理由としていろいろなものがありましたが、総じて三者面談は、生徒にとっては何らかのリスクがあるものと考えられていたのです。生徒自身が言わないようなことを親が話したり、生徒には理解が難しい内容を教師が取り上げたりする、といったようなことです。

また、生徒たちは、面談時において自分のことについて何かを話すのは難しいとも考えていました。

教師たちが「どのように面談を行いたいのか」と尋ねたところ、生徒たちはさまざまな希望を示したようです。友達が同席できるといいとか、果物を食べたり、ジュースを飲んだりしながら話ができるといい、といったアイディアが出てきました。

ある女の子は、「親が参加せずに先生と二人だけで面談をし、自分がいないときに親と先生が面談してほしい」と提案しています。また、普段の様子を知ってもらいたいので、自分の家で面談をしてもらいたいという意見のほか、面談には友達が何人か一緒に参加できたほうがいいとか、今のままで構わないという意見もありました。

意見を聞いてもらったことで、生徒たちはさまざまな形で三者面談が実施できることを教師たちに示しました。どの提案を実現させるのかについては、大切な課題としなければなりません。いずれにしても、生徒たちとの対話によって、生徒と親にとってより意味のある面談を行うという可能性が高まりました。

基礎学校のなかで教師が生徒たちと協働できれば、現在の構造に影響を及ぼす機会が生徒たちに与えられることになります。彼らは、大人が知らないことや決して考えつかないような内容を話してくれます。そして、話すことによって彼ら自身の視点が可視化されるのです。

この三者面談の例に見られるように、なぜ教師たちは、学校でのさまざまな状況について生徒たちがどのように理解しているのかについて率直に尋ねようとしないのでしょうか。教師と生徒の視点から三者面談のあり方を発展させるためには、生徒たちの考えをしっかりと活用しなければなりません。そして、生徒たちとの対話の機会を増やし、彼らが学校をどのように見ているのかについて知ることができれば、生徒、親、教師、そして学校運営のすべてにおいて多くの成果が得られるでしょう。

固定的な視点と関係的な視点

私たちは、就学前学校における民主主義の使命をどのように明確にして、理解するべきでしょうか。この問いに取り組むためには、私たち自身を観察し、子どもたちによる意味の探究をどのように捉えているのかについて観察することからはじめるとよいでしょう。先生たちは、就学前学校がもつ公共的な使命に対してどのような見方をもち、子どもたちとの出会いをどのような視点ではじめているのでしょうか。一般的には、出発点とされるこのような見方や視点、また評価といったものを意識し、話題として取り上げ、そして議論することはめったにありません。

モイラ・フォン・ライト(1)は、就学前学校での子どもとの向きあい方に関する議論に有効だと考えられる二つの興味深い視点を掘り下げています。それは、「固定的な視点」と「関係的な視点」と呼ばれるものです（Moira von Wright［2000］参照）。私たち著者は、これら二つの視点から、日々の仕事において民主的に子どもたちと向きあうための議論を発展させることができると考えています。

固定的な視点では、人間はいくつかの特徴を備えた個人として生まれてくるものであり、周囲の文脈からは影響を受けないものと理解されています。つまり、就学前学校と基礎学校に関して言えば、先生はある子どもについてはある決まった見方をもっており、状況や過程に関係なく、その子どもはある決まった形で存在する、と見なしているということです。

このような視点、つまり子どもたちはある決まった形で存在し、変化することがないといった単純な捉え方で子どもたちを評価するという視点には危険が伴います。要するに、子どもたちに対して、「やさしい」、「頭がいい」、「乱暴だ」、「怒りっぽい」などのレッテルを貼って、あたかもそれが変わることがないかのように捉えてしまうということです。そうではなく、もし先生が関係的な視点をもてば、子どもたちは常に自分の周囲と影響を及ぼしあい、状況に応じて変化していくものと映るでしょう。

これは、現在の状況や出来事との相互作用によるものです。変化していく子どもの姿に気付くためには関係的な視点が必要となりますが、その場合、子ども自身の視点、あるいは自分の状況に対する子ども自身の感じ方に接近することがとても大切となります（von Wright［2000］参照）。

このような考え方からすると、「私のクラスには問題のある子どもがいる」とか「私のクラスにはとても素晴らしい子どもがいる」と話すことは好ましいとは言えません。そうではなく、先生自身を子どもたちとの関係のなかに位置づけることができれば、「私と子どもたちはうまくいっている」とか「あまりうまくいっていない」と表現できるようになります。

結論として、子どもたちだけでなく、大人も絶えず変化しているということを強調しておきます。

（1）（Moira von Wright）教育学を専門とするフィンランド／スウェーデン人の研究者です。オーボ・アカデミー大学（フィンランド）の学長です。

子どもが描くトロールと写真の橋（出典：『スウェーデンに学ぶドキュメンテーションの活用』57ページ）

ある母親が教師に、最近行った二つの面談について話をしました。一つは息子が入学して一年後に行われた基礎学校の教師との面談、もう一つは、その少しあとに行われた学童保育の教師との面談についてです。

この母親が言うには、基礎学校の教師は息子のことをすごく心配していました。その教師によれば、彼は落ち着きがなく不安そうで、注意力や集中力に欠けるそうです。

その後、母親は、学童保育での面談において、基礎学校での面談とはまったく異なる息子の姿を耳にしました。学童保育の教師は、息子のことを創造的で落ち着きがあり、イニシアティブが豊かで、忍耐強いと話したのです。さらに、社会性も高く、子どもにも大人にも好かれているということでした。

母親は、まったく異なる息子の姿を聞いて困惑してしまいました。

このエピソードからは、まず何よりも、この男の子は自分が置かれている状況に応じて違った行動をとるといった能力のあることが分かります。実は、このような能力はすべての人間がもっているものです。それでは、同じ男の子に対する評価が教師によってまったく異なることについてどのように解釈すればいいでしょうか。

私たち著者による解釈は、大人による子どもたちの見方はそれぞれ異なっているので、子どもたちに対する評価の仕方も異なるというものです。そのうえ、子どもたちは私たちと同じく、状況に応じて異なる行動をとると言えます。また、異なる状況において同じ行動をとった場合でも、大人によっては異なる評価がなされるということもあります。

教師たちは、就学前学校や基礎学校、学童保育において子どもたちの行動に影響を及ぼしている要因の一つが自分自身であるという考え方をあまりしません。私たち著者は、「固定的な視点」と「関係的な視点」の違いを知ることで、子どもと大人の関係についてより理解できるようになると考えています。人間とは、自分自身が身を置く状況や経験する出会いとの関係のなかで、変化せずにはいられない存在なのです（von Wright［2000］参照）。

自分の視野を広げたり、予期できるものから予期できないものへと変化することは、さまざまな状況や子どもたちの行動について「こうあるべき」という見方をするのではなく、目の前で起きていることに興味や関心をもつことを意味します。予期できないものや決まっていない要素に関心をもつことで、新しい経験が得られるのです。

このような社会的な状況のなかで起こるコミュニケーションによって「関係的な視点」の基礎が築かれます。この視点は、他者について深く知ることなしに評価を下すような「固定的な視点」とはまったく違う形で発展していくことになります（Arnér［2009］参照）。

カーリン先生が、自身の忘れられない経験について話をしてくれました。彼女はある就学前学校で、ほかの三人の先生とともに一つのクラスを担当しています。四人の先生は、この就学前学校で長年にわたって一緒に働いています。さまざまな理由で、このクラスは問題を抱えているという状況が長期間続いており、子どもたちはバラバラで、先生たちは壁にぶつかっているという様子でした。

そこで、教育支援員のニーナ先生が招かれ、話し合いの場がもたれました。その日の話し合いの終わりごろ、ニーナ先生が就学前学校の先生たちに次のような質問をしました。

「みなさんは、子どもたちのことを知っていますか?」

先生たちがすぐに答えました。

「もちろん、私たちは子どもたちのことをよく知っています。子どもたちが一歳のときから担当していて、今ではもう五歳ですから」

すると、ニーナ先生が次のように質問しました。

「では、子どもたちは、みなさんについて何と言っていますか?」

先生たちはお互いを見て、子どもたちが自分たちについてどのように考えているのか分からない、と答えました。しかし、先生たちは、子どもたちについて考えていることはよく踏まえています。

ニーナ先生は、六週間後となる次回の訪問までに行っておく課題を出しました。それは、子どもたちのなかで、自分たちがまだよく理解できていないと考える一人の子どもについてもっと知るように努める、というものでした。先生たちも、その課題に賛成しました。

カーリン先生は、ヨンという子どもついて知ろうと考えました。ヨンはとても騒がしく、叫んだり、走り回ったり、モノを壊したりする子どもで、言葉も乱暴です。でも、彼のお兄ちゃんにも同じようなところがあるので、親にそのことを話しませんでした。

しばらくして、ニーナ先生が再び就学前学校を訪問した際、カーリン先生がその間に起こったことについて話しました。

「前回の話し合いが終わってから自分のクラスに戻り、何人かの友達と一緒にテーブルに着いているヨンを見かけました。私が近づいたとき、ヨンが『みんな、あっちに行こうよ』と言いました。これまでにこんな言い方を耳にしたことはありませんが、私が彼に近寄るたびにこのように言いました。ヨンに近づいていって、彼のことをより知ることが簡単ではないとすぐに理解しました」

ここまで言ってからひと息入れ、カーリン先生は言葉を続けました。

「私は、年長の子ども向けの、かなり高度なゲームを半年前に買ったことを思い出しました。そのゲームはグループで遊ぶもので、ヨンが同じゲームを家に持っていることが分かりました。彼はそのゲームが得意で、とても気に入っていました。でも、子どもたちが集まってそのゲームをするとき、ヨンは参加しませんでした。このゲームを購入したとき、私がそれを棚の高いところに置き、このゲームで遊びたい子どもは先生にお願いをして、棚の上から取ってもらうというルールを決めていました」

ヨンは、一度もこのゲームで遊びたいと先生に頼みませんでした。カーリン先生は、そのことをよく覚えていました。そこで、彼女は棚からゲームを下ろして、小さな部屋のテーブルの上に置き、ヨンが自分とこのゲームで遊んでくれることを期待しました。

「そこから長い時間がかかりました。私と一緒にこのゲームで遊びたいとヨンに思わせることが簡単ではないと分かりました。彼は、ドアの前を通りすぎるときもあれば、目を合わせないというときもありました。たまに立ち止まって、私が何をしているのかと尋ねることもありました。私は一緒にゲームをするように誘ってみましたが、彼が私の誘いに乗ることはありませんでした」

ある日、ヨンが立ち止まって、「なんで、そんなに古いゲームを準備して座ってるの？ちゃんとルールも知らないのに」と言いました。カーリン先生が、「あなたとこのゲームをしたくてここに座っているの」と答えました。するとヨンは、「やだよ」と言いました。

何日か経って、カーリン先生が朝早く廊下に立っていると、ヨンがドタバタと入ってきました。ヨンがカーリン先生に向かって、「そんなにあの古いゲームで遊びたいんだったら、一緒にやってあげてもいいよ」と大声で言いました。カーリン先生は、まるで最高の賞を獲得したかのように感じたようです。

「本当にやってくれる？」と、彼女はヨンに尋ねました。

カーリン先生が、小さな部屋でゲームの前に座っています。ヨンは、彼女から三つ離れた椅子に座りました。二人でゲームをはじめると、カーリン先生はまた失敗してしまうといけないので、あえて何も話しませんでした。

しばらくして、ヨンが立ちあがってドアのところに行きました。彼はドアを閉めるとすぐに戻ってきて、今度はカーリン先生の隣にある椅子に座りました。

カーリン先生は、それから二人でどのようにゲームをして、おしゃべりをしたかについて語りました。そして彼女は、ヨンがとても魅力的な子どもであることを発見しました。

「彼は、とてもかわいい子どもでした」と、カーリン先生はニーナ先生に話しました。

「そのとき、あなた自身はどのように感じましたか？」と、ニーナ先生が尋ねました。

「私も、彼を大好きになりました」と、カーリン先生は答えました。

ゲームをしているとき、ヨンが突然、彼女に言いました。

「先生、あのさー、僕、先生のことちょっとだけ分かるようになったかな。前は全然知らなかったもん」

今では高校生になっているヨンですが、この就学前学校に親友がいます。それはカーリン先生です。

最初、カーリン先生は「固定的な視点」からヨンを見ており、彼には問題があり、改善させることが難しいと考えていました。そして、彼の兄のことも同じように見ていました。このとき、彼女は自分自身のことを見ていませんでした。その後、彼を知っていく過程において彼女の視点は「固定的」なものから「関係的」なものへと変化したわけです。彼女自身の視点が、二人の関係が変化していくための要素となりました。

つまり彼女は、「間主観的な転換」を行ったと言えます。彼女自身もまた、これまで問題とされていたことの一部であると考えるようになったのです。間主観的な転換というのは、簡単に言えば、考え方が変わり、それによってアプローチの仕方が変わるということです。

一六二ページで紹介したモイラ・フォン・ライトは、「固定的な視点」と「関係的な視点」の違いを次のように説明しています。

他者が何者であるか、あるいはその人がどうあるべきかを語ることは、厳密に言えばその人に対する人的侵害となります。しかしながら、教育において「何」と「誰」を混同すると、子どもたちを定義するという解釈の優先権を先生たちに与えるといった習慣が生まれてしまいます。

この誤りは、「固定化」あるいは「人物志向」と呼ばれることがあります。私たちが固定的な情報を求めるかぎり、「何」という問いに答える知識しか得られませんが、求められる社会的な問いは「誰」であり、私たちはその問いに対して関係的にしか迫ることができないのです。（von Wright［2000］s. 205）

他人が私たちのことを、さまざまな状況を考慮することなく、どのような人間「である」かを評価しようとしたら、私たちはどのように感じるでしょうか。これまで伝統的に、大人は自分の視点で、さまざまな方法によって子どもたちの評価を行ってきました。しかし、「関係的な視点」から子どもたちを見ることで、子どもたちがどんな人間「である」かではなく、どんな人間「になる」可能性を含んでいるのかが理解できるようになります。そしてそれは、子どもと大人の出会いや関係がどのように築かれるのかということに影響してきます。

就学前学校で行われているさまざまな「ドキュメンテーション」(2)の取り組みを行うことで、ある子どもが「何であるか」ではなく、「誰になることができるか」というところに焦点を当てることができます。それによって先生たちは、「関係的な視点」をもつことができるようになるでしょう。先生たちが「関係的な視点」でドキュメンテーションに取り組んだら、どのような変化が起こるでしょうか。

新しい考えを歓迎しよう！

先生として十分な資格を満たしているということは、どういう状態のことでしょうか。

「あなたは、もう一人前の先生ですね？」

「いいえ、私は教育課程を終えたばかりです」

大学を卒業したばかりの先生は、教員採用試験後のお祝いの席で、このように自らを表現するものです。では、いつになったら先生の資格が備わったと言えるのでしょうか。それについて考えてみる価値があります。

私たち著者の答えは、「十分な資格を満たすことなど決してできない」というものです。先生たちは、教育課程を通じて、自分でさらに学んでいくための基礎的な土台を築きます。彼らは、これからの仕事において、学び、多くの経験を積み重ね、教員生活のなかにおいて新しい知識に関心をもち続けることがとても大切であると知っています。

すべての学びは、私たちがすでに学んだことと、これから出合う新しいことに基づいたもので構成されています。つまり、すでに学んだことが新たな学びのための出発点となるのです。そのようにして、教員生活のなかで知識や学びが深められていくのです。

絶えず変化や発展を続けるというのは素晴らしいことですが、その一方でリスクもあります。新しい経験、新しい知識、そして新しい研究というのは、常にそれらを生みだすために探究するところに存在しています。だから、物事が不確実な状態にあり、決して完成したと考えないことは一つの技術なのです。

就学前学校における変化には、法律や規則を通して進められるものがあります。一方、先生がイニシアティブを発揮し、もっと学んで発展させようとする関心や意欲をもって影響を与えるも

（２）就学前学校における子どもによる活動のプロセスを可視化するために作成された記録のことで、観察メモ、録音テープ、写真、ビデオ、子どもの制作物などが含まれます。これらを作成するのは先生や子どもたち自身です。このドキュメンテーションをもとに、先生同士あるいは先生と子どもの間で活動のプロセスを振り返り、子どもたちの学びに対するさまざまな解釈や可能性について話し合い、次の活動を考えていくことになります。本書において写真の出典として記載している『スウェーデンに学ぶドキュメンテーションの活用』（白石淑江編著、新評論、二〇一八年）に詳しく書かれていますので、参照してください。

のもあります。さらに、子どもたちが方向性を示してくれる場合もあります。そうして先生は、自分の知識を変化、発展、深化させるかどうかについて選んでいくという機会がようやく得られるのです。

レンツ・タグチ(3)は、変化への取り組みを持続させるためには、差異や多様性、不確実性、対立が歓迎され、脅威ではなく創造性につながるような新しい実践を先生たちが見つける必要がある、と主張しています（Lenz Taguchi [2000] 参照）。この意味を理解し、批判的な検討を試みるための実践を可視化することで、理論と実践について考えたり、話したりするといった新たな方法が実現できるようになります。

しっかりと教育を受けた先生を就学前学校に配置するだけの理由が社会にはあります。何と言っても、その仕事は複雑で、毎日多くの判断が求められますし、その判断を下すために、先生には自らの仕事に対する省察や分析を行う能力が必要とされているのです。多くの先生は、就学前学校の仕事のなかでいろいろな方法で気持ちを高めたり、刺激を受けたりしたいという願望をもっています。しかし、そのような願望や意欲というのは人によってさまざまなのです。

次に紹介するエピソードですが、最初、ターリャ先生は読書に関心を示しませんでしたが、その後、気持ちが変化したことで本に目を通しはじめ、最終的にはすべてを読み終えてしまったという経験談です。

就学前学校に勤めるターリャ先生は、就学前学校の発展に関するセミナーに誘われて参加しました。セミナーを担当した講師が最後に、持参した本のうちから一冊を次回までに読んでみたいか、と参加者に尋ねました。ターリャ先生は、「本を読む時間はほとんどない」とその場で答え、次のように言いました。

「セミナーに参加するだけでもかなりの時間を取られています」

講師は、その本には目次が詳しく書かれていると説明したうえで、目次だけでも読んでみて、面白そうな箇所を見つけてみてはどうですか、と提案しました。彼女は、少しいら立った様子で、「読む時間は取れないだろうけど、一応本は持ち帰ります」と答えました。

二週間が経って、次のセミナーが開催されました。ターリャ先生も、ほかの参加者とともに参加しました。彼女は前回のセミナーで受け取った本を手に持ちながら、興奮した様子で話しだしました。

「これは、今まで読んだなかで一番いい本でした。全部、読んでしまいました！」

（3）（Lenz Taguchi）哲学、フェミニズム、幼児教育を専門とするスウェーデン人の研究者です。ストックホルム大学の教授で、就学前学校において関係的な視点から子どもたちの声を聴くことの重要性を訴えてきた学者の一人です。

ヴィゴツキー（四二ページ参照）は、発達や学びは他者との社会的な相互作用のなかで起こり、そこでは人間同士の協働が重要な意味をもつ、と主張しています。また彼は、子どもたちが社会的他者の助けを借りながら、ある発達レベルから次のレベルにどのように移行するのかについても述べています（Bråten, Ivar (red.)［2000］参照）。

子どもたちは、ほかの子どもや大人と協働することによって、一人でいるときよりも多くのインスピレーションを受けることで発達し、より高いレベルに到達します。私たち著者は、同じことが大人についても当てはまると考えています。大人も、子どもやほかの大人と協働することによってさらなる高みに到達することができるのです。

このエピソードは、教育的リーダーシップによって、ターリャ先生が進んで本を読むことを促した例です。最初はとても消極的だった彼女ですが、自ら刺激を受けることを選び、その結果、自身の知識を深め、関心を高めました。彼女に与えられた挑戦とセミナーで生じた協働を通して、このことが可能になったのです。

第9章 民主主義の使命

子どもと大人による協働

就学前学校における民主主義の使命については、発展的な取り組みや学びなどの継続的な過程が求められます。就学前学校には、子どもや親、先生（スタッフも）、そして職務についての新しい指針が常にやって来ます。子どもの権利についての会話がとても大切であることが明らかになった今、校長や指導する立場にある人には、そのような会話が就学前学校において活発に続けられるようになるための特別な責務が課せられています。

以下では、子どもたちの影響力と民主主義の課題に取り組んできたある就学前学校でのエピソードを紹介します。この就学前学校では、以前から民主主義の課題について、ほかの就学前学校からの参加者とともにネットワークを形成して議論を行ってきました。そのなかの、ある先生が話をしてくれました。

大きな変化が起きたんです。毎回のネットワーク会議で、私たちは新しい問題提起や日々の状況について話をしましたが、それらは私自身に関係のある内容のものばかりでした。ここから、私自身の変化のプロセスがはじまりました。

私たちは、新しい考え方について話し合ったのです！　それは、メソッドや仕事の方法などについてではなく、子どもたちとの新しい向きあい方についてです。

そして、私は、職場でも思い切って変化のプロセスをはじめてみることにしました。当初、関心や期待がありましたが、それと同時に不安もありました。この不安というのは、同僚たちに拒絶されるかもしれないというものでした。「子どもたちには、やりたいようにやらせるべきだろうか」という疑念をもっている大人の視点からすれば、新しい考え方は脅威と感じられることでしょう。

まず、教育についての議論を職場で行いました。私たちは日々の状況について一緒に検討しましたが、このとき、子どもたちの声は、言葉としても行動としても、聞いてもらえなければならないということを前提として行ったのです！　そして、「私が先生として、子どもたちに自らの一日を自分でつくっていくためのゆとりを与えたら、何が起きるだろうか」という取り組みを行いました。

私が先生として、「ダメ」ではなく「いいよ」と子どもたちに言ったら、何が起きるでしょうか？　私が一歩引いて、イニシアティブを発揮する機会を子どもに与えたら、何が起きるでしょうか？　私たちが先生として、周囲の同僚ではなく、子どもたちにもっと目を向けたら何が起きるでしょうか？

私たちの保育チームは、子どもたちに対して、そしてお互いに対して寛大になろうと決めました。今では、子どもたちは自らのイニシアティブが尊重され、可能なかぎり受け入れられるという環境にあります。そして、子どもたちは、「ダメ」ではなく「いいよ」と言ってもらえるようになりました。

私たちは先生として、一日のなかで起きる出来事に対して、用意された答えや解決策をもたないような訓練をしています。子どもたちの声は、聞いてもらえる状況でなければなりません。さまざまな状況に対する子どもたち自身の視点を、とくに会話を通して可視化するように取り組んでいます。

私たちは、子どもたちとは関係のない多くの「しなくてはいけないこと」をやめました。

私たちの目標は、子どもたちに対して敏感で、教育的な配慮のある大人たちと子どもたちが出会えるようにすることです。ドキュメンテーション（一七三ページの注を参照）を活用して、毎日、子どもたち同士や子どもと大人との関係に集中しています。また、ドキュメンテーションを通じて、先生同士の関係について見えなかったものが見えるようにもなってきました。

私たちは常に新しい課題や状況に直面しますが、この取り組みはずっと続いています。

積み木を並べて、長さを測る（出典：『スウェーデンに学ぶドキュメンテーションの活用』61ページ）

先生たちはよく、就学前学校における民主主義や影響力の課題に取り組むには「勇気がいる」と言います。民主主義や子どもたちの影響力に関する知識や技術を発展させる先生たちであれば、変化をもたらすことになる新たな挑戦を受け入れるだけの準備ができています。

勇気が必要となる最初の例は、ある子どもがイニシアティブを発揮し、先生がそれを受け入れると心に決めて、ほかの先生の手助けを受けずにやってみるときです。そのような状況では、これまでの秩序を乱してしまうかもしれないという不安がつきまといます。このようなときには、こ何が起きるのか、どのような結果になるのかについてまったく予測のつかない状態で行動に移すという勇気が求められることになります。

さらには、ある一人の子ども、あるいは複数の子どもたちと一緒に行った決定事項を、同僚の先生や親たちから守るという勇気も必要となります。子どもたちに影響力をもたせるという「就学前学校カリキュラム」に示されている職務に取り組むためには、すべての先生が議論や対話を通じて、同僚や親の前で自らの知識や理解を表現するといった習慣をもつ必要があります。

子どもたちに本当の影響力をもたせるための取り組みを行いたいと考えている先生たちは、「子どもたちには制限が必要だ」という考え方をもっている人から疑問を投げかけられることがあるでしょう。しかし、私たち著者は、過剰な制限は子どもが発達する際の障がいとなるため、就学前学校が担うべき役割は子どもに制限をかけることではなく、子どもたちがイニシアティブや創造性、そして責任感を培っていけるような機会を準備することだと考えています。

子どもたちは、制限されるのではなく、責任をもつことについて学ぶ機会を必要としているのです。子どもたちが大人に対して自らの「道」を示してくれるように、私たち大人は、子どもたちが一歩を踏みだすことができるような「道」を示さなくてはいけません。

「子どもたちにも影響力を与えるようにするべきだ」という考え方に反発する大きな理由は、「子どもたちに影響力をもたせるということは、子どもたちがすべてを決められるようにしなければならないということになる」といった考え方から生じたものだと言えるでしょう。
「子どもたちには、大人に代わって決められるようにすべきでしょうか?」という質問に対して私たち著者は、「はい、もし子どもたちがすべてを決めることができるとしたら、何が起きるのだろうかと見てみるのも面白いでしょう」と答えるようにしています。

子どもたちに影響力を与えない理由として先生たちがよく口にするのは、「一クラスの子どもの人数が多いため、子どもたちに制限をかける必要がある」ということです。

「人数の多いクラスを担当する場合、子どもたちの影響力をどのように維持することができるのでしょうか?」

私たち著者は、このような質問を何度も受けたことがあります。就学前学校における民主主義の取り組みというのは、クラスの人数と関係あるのでしょうか。

一人の子どもと接するとき、先生はその子どものことを尊重します。何人かの子どもたちと接するときも、先生はその子どもたちのことを尊重します。では、一人の先生が二〇人の子どもたちと接しなければならないとき、それが先生のストレスの原因となって、一人ひとりの子どもを尊重することができなくなるのでしょうか。もし、そのようなことが起きたら、子どもたちと一緒に別の取り組みを試してみる機会になると指摘したいです。

大人が子どもたちと一緒にクラスの難しい状況を解決する方法については、子どもたちも自分の考えをもっているのです。子どもたちはお互いのことを分かっているだけでなく、先生たちのことも分かっています。もし、その子どもたちが先生と協力して、解決に向けたさまざまな考えや提案を示す機会があるのなら、民主主義の取り組みは必ず発展するはずです。

ある就学前学校でインフルエンザが流行していました。子どもたちが一人、また一人と感染していきます。その後、一人の先生が感染してしまいました。子どもたちが就学前学校に戻りはじめたころには残りの先生たちも感染してしまい、臨時の保育者を確保するのが難しい状況となりました。

しばらくして、最初に感染した先生が回復して、ほとんどの子どもたちと同じように就学前学校に戻ってきました。この状況を、多くの先生たちは踏まえています。

この日は、一人の先生が大人数のクラスを一人で担当することになりました。どのように対応するのでしょうか。

その先生は、子どもたちを集めて、病気で休んでいたときの様子を子どもたちに話してもらいました。子どもたち一人ひとりが自分のことについて話しはじめました。、一番小さい子どもたちも、みんなの輪のなかで楽しく話していました。

子どもたちがひとしきり話し終わったあと、先生が「今、多くの先生たちが病気で、おうちで休んでいないといけない状態です」と子どもたちに話しました。そして、「ここにいる先生は私一人だけど、みんなだったらどうする？」と尋ねました。すぐに子どもたちから、この状況を解決するためのいろいろな提案が出されました。そして、先生が尋ねました。「お外に行くときはどうする？　人数が多くてもお外に行けるかな？」

年長の子どもたちが小さい子どもの着替えの手伝いをする、何人かが先生の役をする、戻ってきてご飯を食べる時間を誰かが確認する、といった提案がありました。大人が一人しかいないから先生は園庭に残ったほうがいいと、みんなが考えていたのです。

子どもたち全員と外に出るには、普段よりも時間がかかります。でも、子どもたちみんながテキパキと着替えてくれ、お互いに助けあっています。子どもたちは、この状況を真剣に捉えていて、先生やお互いのために努力することの価値を理解していたのです。

子どもたちは外でも責任をもち、大きな子どもたちが小さな子どもたちと積極的に遊んでいました。その様子はまるで、子どもたち自身が引き受けた責任を踏まえて成長しているかのようでした。

就学前学校の子どもたちは、私たちが築いてきた構造から実際に何を学ぶのでしょうか。外遊びというのは日常的な活動ですが、それについて子どもたちが語るであろうことは、私たちが尋

ねないかぎり分からないままとなってしまいます。

子どもたちは、先生たちが普段どのように振る舞っているのかを見ることによって、どうしたら外遊びがうまくいくのかということについて細かなところまで自然に学んでいます。ですから、先生が一人しかいないという状況でも、どのように手伝えばいいのか知っているのです。

民主主義の発展には人間同士の協働が関係してきます。就学前学校には一定数の子どもと先生がいますので、民主主義の価値を理解する取り組みを行う機会がたくさんあります。もし、民主主義の取り組みを進める場合、あるいはそれ以外の場合でも、クラスにいる一定数の子どもたちに制限をかけるようなことをすれば民主主義の取り組みは期待されるほど発展しないでしょう。

就学前学校における民主主義の使命には、人間性、影響力、倫理、責任、そして協働が関係してきます。したがって、子どもたちと大人たちがともに日常生活における民主主義とは何かを理解するためには、大人の子どもに対する向きあい方や子どもたちが影響力をもつといった機会が前提条件となります。

子どもたちに、どの程度の影響力がどのように与えられるべきかについて、すべての先生が合意しているわけではありません。民主主義においては他人に同意しないという権利もあるわけですが、「就学前学校カリキュラム」に沿う取り組みを進めるにあたっては、対話をより深めることで合意形成を図るという努力が求められます。

私たちは子どもの力を信じきれているだろうか

国連の「子どもの権利条約」の一〇周年記念集会がストックホルムで開催されたとき、私たちは聴衆として参加することができました。ストックホルムのコンサートホールは、世界中から来た参加者で満員でした。会議が終わった直後、一〇歳の男の子が壇上に上がりました。彼はたった一人で、目の前に座る私たち全員に対して、とても真剣に尋ねました。

「あなたたち大人が僕たち子どもをどうやったら手助けできるのかを分かってもらうために、僕たち子どもは、あなたたち大人をどのように手助けすればいいでしょうか？」

この男の子の質問は、とても力強く、鋭く、そして重要なものでした。彼は、私たち大人がすべてを理解することは簡単でないことを知っていました。だからこそ、彼は私たちに「道」を示してくれたのです。

長い間、就学前学校の文脈において、子どもは有能な存在であると語られてきました。これは、子どもは予想もしなかったり、思いもかけなかったりするスキルや力をもっているという子ども観です。[1]能力という概念は、有能である、熟達している、資質があるといった意味に解釈されていますが、私たち著者は、能力という概念には人間にとって重要とされる価値が反映されていないと考えています。

子どもや人間を、資質や能力だけで判断することは公平とは言えません。能力という概念は達成された成果にのみ関係するものであって、人間を見る方法としてはかぎられたものでしかありません。もちろん、子どもは有能であると見なすことに問題があるとは言いませんが、能力によってのみ人間存在の意味を描写することには限界があります。なぜなら、もし私たちが子どもを能力だけで判断したとすると、「十分に受け入れられるに値する存在」としての子どもという全人的な観点を失ってしまうことになるからです。

ディオン・ソマー(2)は、研究者が子どもは有能であると語る場合には、子どもたちがそれまでに取り組んだこと、あるいは取り組むことができたであろうこととの関係で解釈されるべきであると強調しています（Sommer［2005］参照）。ですから、私たち著者は、限界に制約されない存在を意味する「十全な価値をもつ（fullvärdigt）存在」という概念を使うことが望ましいと考えています。

（1）ここで述べられている「能力」は、スウェーデン語の「kompetent（コンピテンシー）」のことです。
（2）（Dion Sommer）発達心理学を専門とするデンマーク人研究者で、オーフス大学の教授です。

もし、人間が、年齢に関係なく「十全な価値をもつ存在」と見なされるのであれば、人間がもつ限界ではなく、可能性に目が向けられるべきです。つまり、人は敬意をもってお互いを価値に満たされた存在として見つめあうことができるようになるということです。これは人間観の問題なのです。

ソマーによると、子どもは人生の最初の瞬間から、社会的な関係を築くために必要だと見なされている先天的な能力をもっています。子どもは、意味を探究し、意味を生成し、そして自分の物理的環境と社会的環境とが有意義で認識可能なものになるように、いつも模索をしているのです（Sommer［2005］参照）。

新しく入学する女の子が、自分の知らない世界に適応していこうとする様子が描かれているエピソードを次に紹介します。

一歳になるサラは、つい最近入学し、今日は親が一緒にいないという最初の日です。慣らし保育が終わり、就学前学校での新しい生活がはじまります。サラが椅子のそばに立って、目を大きく見開いて周囲のものを眺めている様子を一人の大人が観察しています。

突然、彼女は目の前の椅子に置いてある人形を手に取りました。それから、テーブルに向かって何歩か進みました。そこで立ち止まって、一冊の本が置いてあるほうに目を向けると、すぐにそれを取り上げて、本の裏側に口をあててちょっとだけ吸いつきました。その間、サラはずっと周りを見わたしていました。

それからさらに何歩か進んで、ブロックをいくつか並べました。そして、もっと進んで何度か立ち止まり、小さなオモチャで遊びはじめました。

急にサラは振り返って、今進んできた場所を一つ一つたどって戻りはじめました。進んできたときと同じように、戻りながらオモチャを回したりねじったりして、元の場所に置きました。オモチャの前で立ち止まるたびに、ちょっとだけオモチャに変化を加えたのです。

そこに一人の先生がやって来て、サラの周りを見回して言いました。

「あら、ずいぶん散らかっているわね」

先生は片づけをはじめて、サラが使っていたものをすべて持っていってしまいました。最初、サラは目を見開いてそれを見ていましたが、それから悲しそうに泣きはじめて、床に座ってしまいました。

先生が、「うん、うん、ここに来たばっかりだから悲しくなっちゃったのね」と言いました。先生は、サラを抱きかかえて別の部屋に行ってしまいました。

この出来事について、どのように理解することができるでしょうか。サラは、いろいろなものを使って、自分にとって新しい状況において、意味を構築し、文脈を発見し、そして秩序を形成しようとしている、と解釈することができます。もし先生が、子どもにとっての意味生成（七一ページの注を参照）がどういうことなのかについて分かっていないとしたら、子どもたちがそれを行っている理由について理解できないでしょう。

教育上の能力というのは、認められた研究や確かな経験から状況を理解したり解釈したりすることを意味しますが、私たちが学び、理解すべきことはまだまだたくさんあります。ですから、子どもたちが私たちに見せてくれたり、意味があると考えたりするものに対して先生は関心をもち、注意を払うことが大切となります。

子どもの知識や経験を大切にするためには、一人ひとりの子どもに対する向きあい方や子どもの影響力や権利に関して、大人たちの子ども観をしっかりと検討する必要があります。子どもたちの創造する力や意味を探究する力を信じて、彼らを完全な存在として捉えることができれば、子どもたちがイニシアティブを発揮する場面においては思い切って責任を与えることができるのです。

大人の権威や長年の経験だけが重要視されるようであれば、子どもたちが社会において本当の影響力をもつことは決してありません。それだけではなく、社会は、子どもや若者の経験や考えを見落としてしまうことになります。

子どもたちが日常生活において実際に影響力をもつことができるかどうかは、先生たちの子どもに対する見方と、民主主義の意味に対する向きあい方や知識に依存することになります。社会において子どもたちを「十全な価値をもつ存在」として見ようとしているのかということについて、真剣に、何度も繰り返して、私たち自身に問いかける必要があります。それは、人間として生まれたその瞬間から、十分な価値に満たされた存在であるという見方でもあります。

子どもの関心を引く

就学前学校で働いている人であれば、子どもたちの注意を引こうとしたことがあるでしょう。時々は成功したと思いますが、まったくうまくいかなかったということもあるでしょう。先生たちがよかれと思ってとる行為の一つ一つに対して、子どもたちの関心を引いたり、引かなかったりすることについてどのように解釈し、理解することができるでしょうか。つまり、どのようなときに子どもたちは関心をもって耳を傾け、どのようなときにまったく別のものを選んでしまうのでしょうか、ということです。

子どもたちが何かに関心を示していることに気付くのは簡単です。子どもたちがイニシアティブをとることは、子ども自身にとっても大切なのです。一方、大人がイニシアティブをとることも、子どもと先生にとって新しい世界を開く可能性をもたらします。

私たち著者が経験してきたのは、大人が本心から疑問や好奇心を抱いたとき、子どもたちもまた興味を示すということです。すべての子どもや若者は、就学前学校や基礎学校において、先生から決まった答えを求められることがあると知っています。これに対して、先生自身が心から興味をもっていることについて子どもたちに尋ねたら、違う反応が返ってくるでしょう。つまり、答えが与えられていないものについてであれば、子どもたちと先生はさまざまな答えを考える機会がもてるということです。

デンマークのある研究者たちが、子どもたちが樹木を観察して調べるという課題の様子を調査しました。そのとき、森を散歩している途中の出来事について次のように報告しています。

散歩に参加した子どもたちは、最初はあまり大きな関心を示しませんでした。というのも、彼らはたくさん遊んで走り回りたかったのです。

急に先生が水たまりを見つけて、そこにひざまずいて、とても興味深そうに水たまりをのぞき込みながら、「これを見てよ！」と叫びました。子どもたち全員が、先生が発見したものを見ようと一目散にやって来ました。

この出来事に対して研究者たちは、この先生は自分が見つけたものに対して本心から驚いて、とても興味をもったことに気付きました。先生の驚きと叫びによって、子どもたちは先生が発見したものに関心を示したということです（Fischer & Leicht Madsen［1984］参照）。

先生が集団で活動を行おうとするときは、常にと言っていいほど、何人かの子どもたちが別のことをやりたがるものです。その子どもたちは、あらゆるやり方でその状況に対する不満や無関心さを示します。先の研究者たちは次のように述べています。

「子どもたち自身が活動することの価値、先生たちが活動して深くかかわることの価値、具体的なものに実際に触れて感じることができることの価値、そして自分で経験、発見、調査するという自由な価値は、いくら強調してもしすぎることはない」（前掲書）

ケビン先生が、子どもたちの関心が自分に刺激を与え、活動が進展していった様子について話をしていますので、以下で紹介しましょう

数年前ですが、ある就学前学校で働いていたとき、私は年長の子どもたちと「自然グループ」という名前のグループ活動を行っていました。その活動内容は、森や野原での遊び、野鳥観察、川での水切り遊び、ゴミの分別などでした。私たちは動物や自然についてたくさん

話をしましたが、この話し合いのなかから、私たちの環境に関するあらゆることについての考えや疑問が生まれてきました。

私たちがよく行っていた活動は、「カタツムリ山」と呼ばれていた山に行くことでした。そこには、その名のとおり、たくさんのカタツムリがいました。そこで子どもたちは、山の頂上にカタツムリのお城をつくりました。

お城には、カタツムリのためのバルコニーやベッド、食事、そして遊園地まで用意されました。お城を完成させるまでにとても時間がかかったので、別の日にお城づくりを続けるといったこともありました。お城が完成すると、子どもたちはカタツムリを集めて、お城に引っ越しをさせたのです。

もしかすると、子どもたちは生きているものすべてに対して配慮を見せ、何か自分たちより小さいものの世話をしたいという欲求を実現したかったのではないかと私は考えました。ケアや世話を受ける側から、与える側になるということです。

そして私は、先生として、お城づくりに口出しをしないことにどのような意義があったのだろかという点について考えました。大人側の戦略がないところで生まれるゆとりが、子どもたちの精神的な余裕や楽しさに満ちた創造性を生みだすのに貢献したのだろう、あるいはそれが必要だったのだろう、という気がしました。

ケビン先生が子どもたちに影響力をもたせ、自分はリーダーというよりも観察者になることで、子どもたちはカタツムリのお城づくりという遊びを生みだし、それに責任をもつというゆとりが生まれたと考えられます。(3) ケビン先生は、子どもたちとともにつくりあげたお城について自分の考えを語ったわけですが、さらに自分の考えを深めるために、いくつかの問いを文章にまとめていました。

- もしかすると子どもたちは、生きているものすべてに対して配慮を見せ

(3)　ケビン先生および著者らは、カタツムリにお城をつくってあげる行為を、生きものへの配慮として解釈しています。

雨の日にナメクジを観察する子どもたち（出典：『スウェーデンに学ぶドキュメンテーションの活用』102ページ）

たいという欲求を実現したいと考えていたのではないかと思った。

• 子どもたちは、ケアや世話を受ける側から与える側になることができたのかもしれない。

• 私が先生として、お城づくりに口出しをしなかったことにはどのような意義があったのだろうか。

自分にとって意味があるものは何かを決めるのは子どもたち自身です。自ら参加しなければ、子どもたちは大切なことや意味のあることが学べません。なぜなら、意味というものは、学びに参加した人々によってのみつくられるものだからです（Qvarsell, i Mathiasson［2004］参照）。

第10章 心配はご無用です——結びに代えて

子どもたちに影響力を譲りわたすことを心配する必要はありません。また、子どもたちには話すことがたくさんありすぎることを心配する必要もありません。もちろん、子どもたちを罰したり、叱ったりする必要もありません。その代わり、子どもたちにとっての民主主義の発展が妨げられたり、制限されたりすることを心配してください。もし、子どもたちが、自分は悪くないのにとても落ち込んでいる様子を見たら、私たちは本当に心配する必要があります。

民主主義とは、どのようにつくられるものでしょうか。民主主義とは、すべての人に声をもつという権利を与えながら他者への責任を課すというものです。したがって、お互いの向きあい方を発展させることを通してのみつくられるものだと言えます。

私たちは、この営みを促進していかなければなりません。すべての人が同等の価値をもっているということがどういうことなのかを理解するために、お互いに共感しあう練習を積み重ねていく必要があります。大人たちは、そのことに対して責任をもち、「道」を示す必要があるのです！

就学前学校における民主主義の取り組みをどのように理解したらいいでしょうか。また、民主主義の取り組みの特徴とはいったい何でしょうか。もし、子どもたちが日常生活に対する影響力をもっていないのであれば、その取り組みは民主的ではないと見なされるのでしょうか。私たちは、民主主義に関する就学前学校の使命を無視するという権利をもっているのでしょうか。

私たち著者が出会った校長たちは、各就学前学校において、民主主義と影響力という課題に対してどのくらい取り組んできたのかについてさまざまな側面から話をしてくれました。そのなかには、個人と集団というレベルで民主主義の取り組みを発展させようとする強い願望を抱いていた校長がいましたし、どちらについても反対の考えをもっている校長もいました。

今日、子どもたちが就学前学校で民主主義とは何かを学ぶ機会を得るのは、偶然の出来事であると考えられているように見受けられます。一方、私たち著者は、就学前学校で働く大部分の人々が、民主主義についての知識をもっと深めたいと考えていることを確信しています。なかには、民主主義に関する課題は、こなすべき日常業務とは別に取り組まなければならないものであると考えている先生もいることでしょう。しかし、民主主義の取り組みというのは日常生活の過ごし方にほかならないのです。時間もかかりませんし、お金もかからないのです。

子どもたちは、民主主義とは何かについて理解することができるでしょうか。はい、できます。

もっとも、私たちが子どもたちにそれを教えることができれば、の話ですが。人間はできもしないことを見ることはできません。私たち著者は、民主主義という概念を大げさに捉えるのではなく、日常生活で活用できるものにしたいと考えています。

民主主義は、すべての人々が同等の価値をもっているという信念を表していますが、実際には、すべての人がこの理解を共有しているとは言えません。私たちは、政治制度としての民主主義を強調する民主主義社会に暮らしています。もし、この民主主義社会を存続させたいと願うのであれば、民主主義に関する学びはもっとも小さな子どもたちからはじめる必要があります。それが、就学前学校に与えられている使命なのです。

就学前学校の先生たちは、民主主義の取り組みが活発に行われるように、明確なイニシアティブをとらなくてはいけません。そのためには、努力、忍耐力、持続力が必要となります。私たちは子どものとき、大人になると何でも上手になり、公正で、賢くて、責任感があり、分別のある人間になる、と聞かされてきました。もちろん、私たちは、このようにすべての面において卓越した大人に出会ったことはありません。

もちろん、多くの大人が賢さをもちあわせていますが、それは子どもも同じなのです。ただし、子どもたちは自らの行動がもたらすすべての結果を見ることがまだできません。私たち大人がまさにそうであったように、少しずつ学んでいくのです。

最後に、四歳のティルダが、肯定的で寛容な先生と出会ったときのエピソードを紹介したいと思います。ティルダの就学前学校では、子どもたちがイニシアティブを発揮することにまったく障がいがなく、彼女もそのような環境で学んでいます。彼女は、明日の予定を立てようとしていました。

ある就学前学校において、子どもたちにイニシアティブをもたせ、それによって子どもたちが日常生活に影響を与えるという取り組みが行われています。子どもたちはとても積極的で、先生たちからの一貫した、肯定的な対応によってとてもよい刺激を受けているような感じです。

ある日、四歳になるティルダが先生のところにやって来て、明日は何をするかちゃんと分かっていると嬉しそうに話しました。彼女は、スティーナと一緒に遊ぶつもりなのです。二人は、家から自分たちのオモチャを持ってきて、ほかの子どもたちに見せるのだと言います。それから二人は、「遊ぶ部屋」でそのオモチャを使った遊びを予定していました。

先生はティルダの明日の計画に興味をもち、うれしく思いました。先生は、子ども自身のイニシアティブに対する肯定的な態度によって、ティルダが遠慮することなく、自分で翌日の計画が立てられていることを喜ぶとともに理解をしています。

好きなように何かを計画してもよいという機会が子どもに与えられたとき、その行動は計画を立てる人にとって意味をもつことになるため、子どもの願望が込められることになります。しかし、現実には、すでに決められた構造や計画を示されるといったことが子どもにはよくあります。[1]

そのような構造に対して子どもたちが影響を与えるということは、長い間当たり前のことではありませんでした。もちろん、子どもたちが影響を与えられることもいくつかありましたが、先生たちはすべての計画に対して、自分たちが責任をもつものであると考えてきました。

(1)　三一ページの注を参照してください。

就学前学校の中は、子どもが遊びを展開しやすいように家具やオモチャの配置が工夫されている（写真提供：光橋翠）

私たち著者は、もっと大胆に子どもたちが就学前学校の変化や発展に対してインスピレーションを与えられるようになるべきだと考えています。「就学前学校カリキュラム」には、先生たちからなる保育チームは、すべての子どもの能力や意思を活用して、子どもたちが自分自身やクラスの仲間のためにより大きな責任をもてるようにしなくてはならない、と書かれています。これはまさに、ティルダがイニシアティブを発揮したと私たちが理解していることだと言えます。

彼女が見せたイニシアティブに対して先生はうれしさを示しましたが、それはティルダによってもたらされたものなのです。読者のみなさんは、すべての子どもが翌日の予定を立てることに対して心配するでしょうね。しかし、心配する理由はまったくない、と強調しておきます。

社会にいる子どもたちが、就学前学校での日常生活に影響を及ぼす権利をもっているなら、それは子どもたちの状況に応じて認められ、できるだけ大人たちから歓迎されなくてはいけません。もし、子どもたちが提案したことが実現できないと分かった場合は、先生は責任をもって、バランスをとりながら子どもたちと一緒に代替案を提案すればいいのです。ひょっとしたら、よりたくさんの計画を立てる子どももいるでしょうが、みんな違うわけですから、それは当然のことなのです。

そこでの先生たちの役割は、子どもたちの積極性やイニシアティブにうまく対応し、それぞれの文脈で適切なインスピレーションを与えることとなります。このことについて適当と思われるエピソードがありますので、紹介しておきましょう。

先生たちが影響力、参加、決定について子どもたちとよく話をしている就学前学校で次のようなことが起きました。

マルクスは五歳の誕生日を迎え、就学前学校でお祝いをすることになりました。一人の先生が子どもたちを集めて、お祝いの準備をしています。四歳から五歳の三人の女の子たちは、園庭でとても集中して遊んでいます。先生は、マルクスのお祝いをする時間だから室内に戻るようにと、大きな声で女の子たちに呼びかけました。しかし、女の子たちは誰も反応しませんでした。

そこで、先生は表に出て、彼女たちのところまで行って、中に入るように繰り返し伝えました。女の子たちは先生を見上げて、まだ遊びたいから中に入りたくないと答えました。先生がもう一度促しましたが、彼女たちは中に入りたくないと頑なに言い張りました。

「先生が、自分たちで決めていいって言ったんだよ。だから、入らないって決めた！」と、一人の女の子が言いました。先生はあきらめるしかなくなって、室内に戻りました。

何日か経って、同僚と議論するときにこの出来事を取り上げました。女の子たちからの抵抗を受けて、すっかり落ち込んでしまったと、先生は自信なげに話しました。

さて、このときの女の子たちの姿勢ですが、共同的で民主的な行動と先生が考えていることとは矛盾しているこの状況についてどのように考えたらいいでしょうか。先生にとっては新しい出来事であり、彼女を困らせる原因となりました。

同僚たちとの会話では、女の子たちともう一度話し合うべきだという提案がありました。それは、女の子たちを注意するためではなく、マルクスの誕生祝いではなく遊ぶことを優先した彼女たちの視点を理解するためです。

先生は同僚の提案に従うことにして、三人の女の子を集めて、「あなたたちがお祝いに参加したくなかったことについてたくさん考えました」と伝えました。そうすると、一人の女の子が、「私もそのことについてすごくいっぱい考えて、とても後悔した」と打ち明けました。もう一人の子どもも後悔しており、そのことについてたくさん考えたと話してくれたあと、次のように言いました。

「ママにそのことを話したらママは怒って、『あなたの誕生日に、誰もあなたのお祝いをしたがらないことを考えてみなさい』って言われて、やっぱりそれは楽しくないって思った」

そして、三人目の女の子は、「私もこのことについて考えたけど、私は後悔していない」と答えました。

三人の女の子たちがこの出来事についてたくさん考えて、自分の考えを表現したという事実から、先生が改めて彼女たちと話をしたことの大切さが分かります。先生が子どもたちと向きあい、起きたことについて話すことで、初めて女の子たちの認識や考え方について知ることができたのです。

もし、私たちが就学前学校において、常に生じている相互作用について何かを学ばなければならないとしたら、個人の意思と共同体において重要視されるものについて学ぶ必要があります。このことから先生は、大人が決定権をもつという伝統と、公平な態度で子どもたちの話を聞くという民主主義の取り組みの間で、バランスを取りつつ対応しなくてはならないというとても繊細な仕事を担っていることが分かります。

すべての人に利益をもたらすような、民主的な取り組みを発展させるためには、思考と対話を繰り返す必要があります。とはいえ、そこに正しい答えがあるわけではありません。私たち著者は、個人と共同体の利益を満たすような、ちょうどよいバランスを見つけるために、大人と子どもが一緒に努力を続けることは十分可能であると考えています。これが、究極とも言える民主主義の課題なのです。

特別寄稿

子どもたち自身が未来を切り開く

（宮武慎一・社会福祉法人調布白雲福祉会理事長）

二〇二一年の年明け早々、本書の訳者の一人である光橋翠さんから、「本書を読んだ感想と、宮武さんが運営されている『パイオニアキッズ』との相違点などを書いていただけませんか」という依頼をいただきました。詳しく尋ねると、「邦訳書の最後に、特別寄稿として『日本における実践』という形で掲載したい」ということでした。

二〇〇五年一〇月に保育事業を立ちあげ、現在、「社会福祉法人調布白雲福祉会」として七園の保育園（パイオニアキッズ）を運営している私どもの保育理念は、「生きる力の基盤をつくる」というものです。どこの国であれ、人が社会のなかで生きていくうえにおいて一番重要なこと、つまり「基盤」となることは民主主義ではないでしょうか。まさに、本書のテーマとなっていることです。

本書を読まれたみなさんであれば、スウェーデンでは、幼児期から意識して民主主義という概念を身につけようとしていることはお分かりでしょう。僭越ながら、私どもの園でもスウェーデンに負けないぐらいそのことを念頭に置いて保育活動を行っています。なぜ、このように明言できるのかというと、これまでに何度もスウェーデンへ行き、この国の幼児教育について、私だけでなく多くのスタッフが学んできたからです。

初めて私がスウェーデンを訪れたのは二〇一六年六月です。さまざまな本や資料を読み、スウェーデンの幼児教育を学びはじめてから一年ほどが経ったとき、スウェーデンの「就学前カリキュラム」（当時）のなかに「民主主義」というフレーズが出てきたことに驚きました。就学前に「民主主義」を身につけるという記述に新鮮さを感じ、いったいどのように実践しているのかと、興味津々で視察を行いました。このときに受けた「刺激」が、現在の「パイオニアキッズ」を形づくっていると言えます。

日本の保育園・幼稚園では、「子どもの主体性を大事にする」という言葉をよく使っています。「遊びは学び」と捉えて、子どもの主体性を大事にすることで学びへの意欲をもたらし、自己肯定感を高めていくと考えられています。しかし、それだけでよいのでしょうか。たしかに重要なことですが、それだけだと「身勝手」な子どもを生みだしてしまうことにもなります。

さらに重要なことは、子どもの主体的な活動に保育者（大人）が寄り添っていくことです。そうすると、私たちの想像をはるかに超えて、子どもたち自身が民主主義に基づいてさまざまなプロ

自ら遊びを選択

ジェクト活動が展開されていくのです。それでは、パイオニアキッズの子どもたちの日常を紹介させていただきます。

お腹が空いたら、昼食を食べる

パイオニアキッズでは、「子どもは生まれながらにして学びへの意欲と学ぶ力をもっている」という子ども観に基づいて保育活動を行っています。そのうえで、子ども自身が主体的な取り組みを行っていくことを大切にしています。その際に重要なことは、「**自己**判断」、「**自己**決定」、「**自己**責任」となります。ここで述べる「自己」とは、言うまでもなく子ども自身ということです。一般的な保育者主導の一斉保育では、「大人判断（保育者判断）」と「大人決定（保育者決定）」が優先されており、往々にして大人の都合で子どもを評価してしまう場合が多いものです。決まりを守らないと「ダメな子」となるわけです。

では、どのようにして「自己」を尊重しているのか、昼食を例にして紹介していきます。

パイオニアキッズは、朝の七時から開所しています。多くの子どもたちが九時ごろに登園してきますが、始業時間にあわせて登校する小学校とは違って保護者の出勤時間にあわせる形をとっていますので、登園時間に二時間ほどの差が出ます。

もうお分かりですよね。大人が決めた時間に食事を提供してしまうと、早く登園した子どもには遅すぎますし、遅く来た子どもには早すぎるということです。もし、子どもが食事を残したら、「もったいないなー。頑張って食べようね」と一般的には言うのでしょうが、遅く来た子どもにとっては迷惑な話です。そこで当園では、お腹が空いたら子ども自身が分量を調整して（取り分けて）食事をするというスタイルをとっています。「自己判断」、「自己決定」、「自己責任」を重視する取り組みとして、一番に挙げることができる実践です。

食べる量は自分で調整（1歳児）

大人（保育者）も含めた異年齢集団

パイオニアキッズでは年齢別保育というスタイルを打ち破ることにしました。そして、食事スタイルを子どもの欲求にあわせるということを考えたとき、乳児の部屋を「食べる」、「遊ぶ」、「寝る」部屋に分けて、寝食分離にしました。この方法は、生活感を重視するスウェーデンの保育園では当たり前のようにされていることです。

部屋割りとしては、〇（ゼロ）歳児室を「寝室」、一歳児室を「リビング」、二歳児室を「ランチルーム」

と呼んでいます（ちなみに、三歳児以上の部屋は二階となっています）。子どもたちは、お腹が空いたらランチルームへ移動して食事をし、食べ終わったら寝室に行くことになります。そうなると、保育者の担う役割が変わってきます。

一般的には年齢別に「食べる」、「遊ぶ」、「寝る」をクラスごとに行うので、クラス担任がその活動のすべてにかかわっています。しかし、パイオニアキッズでは、子どもたちが行き来するようになるので、各活動に保育者が散らばることになります。たとえば、ランチルームにはさまざまな年齢の子どもたちが食べに来ますので、〇歳児の担任も二歳児の担任も一緒にいることになります。

こうした状況は自然と異年齢という環境になり、保育者もクラス担任という呪縛から解き放されて、そのときにいる部屋で、そこにいる子どもたちとかかわることになります。このようなかかわり方は、子どもと保育者だけでなく、パイオニアキッズにいるすべての大人が対象となっています。つまり、〇歳児から七〇代の男性保育士までという幅広い世代での共同生活となるわけです。このことの重要性については、言うまでもないでしょう。

植物の説明をする70代の保育士

また、子どもたちは、「いつ、何を、誰と（お友達、保育者）する」かまで選択することができます。異年齢の集団のなかで子どもたちは、大人も保育者としてではなく一人の人間として捉えています。かつて、私の息子が在籍していたときは、子どもたちから「しょう君のお父さん」と呼ばれていました。そのとき私は、「理事長先生」ではなく「しょう君のお父さん」として子どもたちとかかわっていました。もちろん会話も、お友達のお父さんとしての言葉遣いで行っていました。異なる年齢でのかかわり、言葉にすると簡単なことですが、子どもだけを対象にするのか、大人も含めて異年齢集団として捉えるのかによってその関係性が大きく変わってきます。

環境を整える

園の施設環境を簡単に紹介しましょう。リビングルームでは、ブロック、お絵描き、製作場、粘土、ごっこ遊び、パズル、感触遊びなどを、園庭では、砂場、ビオトープ、栽培、築山などのさまざまなコーナーを設けています。子どもたちは、これらのなかから自分のやりたいことを選択

園庭に設けられたビオトープ

して遊んでいます。もちろん、四季の変化が感じられるように樹木や花を植えています。こうした遊びのコーナーや自然環境に、子どもたちだけでなく保育者も興味関心に基づいて過ごしています。

一斉に同じことに取り組むのではなく、一人ひとりが思いどおりに取り組むことによって、その子どもの「今」を感じ取れます。何に興味をもち、どのように試行錯誤しているのかがよく分かるのです。事実、子どもたちも試行錯誤のなかで小さな挑戦を繰り返しています。保育者から与えられたものに取り組むよりも、自らが気になっていることにかかわっていくほうが得るものは大きいでしょう。それこそが、「遊びから学ぶ」ということではないでしょうか。

集団への所属

「一人遊び」や「平行遊び」から「連合遊び」や「協働遊び」へと発展すると、子どもの遊びにおける主語は単数から複数に変わっていくことになります。今までは自分がやりたいことで遊んだり、模倣していた年少児ですが、一年も経つと、みんなで遊びたい、一緒に取り組みたいという欲求に変わってきます。そして、新年度がはじまると、一階の乳児クラスでコーナー遊びに親しんでいた年少児は、憧れでもある二階の幼児クラスへと活動の場を移すことになります。

パイオニアキッズでは、年齢別だけではなく、三、四、五歳児の各五名で構成されている一五名の縦割りグループも編成しています。グループは三つとなりますが、各グループで、サークルタイム（子どもたち同士や保育者との対話の場）において活動計画を話し合ったり、活動や生活からの「気づき」について意見交換などをしています。一グループ一五名という人数は、年長児、年中児、年少児がちょうどよいバランスでかかわりあうことができる構成だと言えます。

新年度、年長児はグループのなかにおける役割や立場を自然と意識するようになります。年少児は、年長児や年中児の発言や活動を見て、どのように過ごせばいいのかと見よう見まねで行動を起こしはじめますが、次第に発言や活動による貢献を通してグループの一員であるという所属意識が高まってきます。このような成長プロセスを見ることが、幼児教育に携わる者として一番喜びを感じる瞬間となります。

四季、二十四節気七十二候を活動の柱に

話は変わりますが、スウェーデンでの視察訪問では野外自然活動も見学してきました。保育者は、森にいる動物や

異年齢でのサークルタイム

身近な生き物に関連した人形や歌を取り入れ、子どもたちの好奇心を刺激し、森での活動に引き込まれるような工夫をしていました。その活動は、森の中の自然道を通るとき、しゃがんで視線を変えたり、立ち止まって耳を傾けて自然の音や鳥・動物の声を聞いたり、自然のものに声をかけたりといったものでした。また、保育者が森や生き物の生態系サイクルについて子どもたちに伝えていました。

　自然の中では余計な情報が入ってこないため、大きいものは大きく見え、小さいものは小さく見えます。あまりにも当たり前のことですが、保育者の語りかけを聞いていると、そんな環境を利用して、広い・狭い、高い・低い、太い・細いなどといった算数・数学的な要素を伝えていました。算数・数学は机で学ぶものとしている日本からすれば、「驚き」のひと言です。

　もちろん、手入れされていない森を歩くと、でこぼこや高低差など、さまざまな自然物の感触を足の裏で感じることができます。それによって足腰を鍛えたり、危険なところを察知するといった能力を子どもたちは成長させていきます。すべてのことが学びにつながるということを改めて実感した次第です。

　スウェーデンでの視察を通して、野外自然活動で保育を行うことが子どもの主体的な活動を促すのには最適ではないかという考えに至りました。よく考えてみると、日本における四季の変化はとても魅力的です。よって、スウェーデンよりも豊かな野外自然活動ができるのではないかと考えました。その四季も、暦（こよみ）のうえでは「二十四節気七十二候」に細分化することができます。五日に一つの暦があり、動植物や気候の変化の兆しを感じることができるのです。このことに気付いた私たちは、「四季、二十四節気七十二候」に基づいて野外保育活動を考えることにしました。

パイオニアキッズの幼児グループでは、二十四節気七十二候をもとにして子どもたちと保育者で活動計画を決めています。たとえば、「清明（二十四節気）　玄鳥至（つばめきたる）（七十二候）」という暦では、保育者が「ツバメが来るころの暦だ」と伝えます。そうすると、子どもたちから「ツバメはどこから来るの？」、「去年は隣のマンションに巣をつくっていたよ」、「去年と同じツバメが来たのかな」などの声が上がります。こうした子どもの声をもとに、ツバメがどこから来るのかについて調べたり、ツバメの巣を探しに出掛けるといった活動を考えながらその週の活動案を決めています。

暦をもとに毎年活動をしているため、年長児が年少児に対してツバメについてさまざまなことを教えます。新たにチームの担任にな

玄鳥至（ツバメの巣）

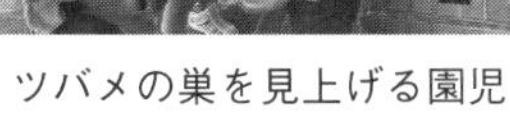

ツバメの巣を見上げる園児

った保育者よりも、はるかにツバメやその生態について知識をもっているのです。

このように、パイオニアキッズでは、教師として保育者が子どもに教えるのではなく、保育者も子どもとともに探究するチームの一員としてグループに参加しています。その結果、子どもたちは「知りたい」、「やってみたい」という欲求から活動をはじめ、自分たちが経験したことを表現したい、親や友達と共有したい、という欲求へと姿を変えていくのです。

子どもは表現したいものです

パイオニアキッズでは、行事活動としての作品展といった活動は行っていません。さまざまなプロジェクト活動を通して、子どもたちは多くの発見をして新たな知識を得ます。そうした経験は、自分のなかだけにとどまらず、自然と他者に伝えたいという欲求が湧いてくるようです。たとえば、鳥についてのプロジェクトが展開されたときには、鳥の特徴を絵に描いて「壁新聞」をつくって掲示してみたり、自然の中で見た鳥の巣を製作して飾ったりしていました。

日本の保育指針や幼稚園教育要領における「表現」という項目のねらいとなっている「感じたことや考えたことを自分なりに表現して楽しむ」という行為は、一つのプロジェクトのつながりのなかで自発的に現れてくるものだと思います。与えられたテーマや素材で表現活動に取り組むよりも、自分自身でテーマを決めて、その表現方法についても自分たちの創意工夫によって決めていく、これこそが保育指針などで述べられている本意ではないでしょうか。パイオニアキッズでは、このようしてできた製作物や壁新聞で園内が彩られています。

このように子どもの主体性が尊重されている就学前施設において、保育者の役割はどうあるべきでしょうか。先にも述べたように、子どもとともに探究活動を行っているわけですが、やはりそれだけで保育者というわけにはいきません。

私たち保育者の役割

常々、子ども同士で生じたトラブルについて、わざわざ私に伝えに来るという行為に違和感をもっていました。実は、少年野球の指導も行っているのですが、ある日の練習中、一人の少年がチームメイトのことを私に告げ口するために来ました。たぶん、その少年は、私に「叱る」という役割を期待していたのでしょう。そのときに気付いたのですが、パイオニアキッズの子どもたちは保育者に告げ口をすることがありません。

子どもたちは、トラブルがあった場合でも自分たちで解決しています。もちろん、大人がかかわる場合もありますが、そのときは介入ではなく、一緒に話し合いをするという形になっています。もし、大人は「判断する人」、「決定者」、「裁く人」などという捉え方をしているのであれば、子どもと大人の関係性といった点からも変える必要があるでしょう。子どもたちが保育者をどのように見ているのか、この視点に立って考える必要があります。

私の嫌いな言葉に、「言葉がけ」と「保育が回る、回らない」というものがあります。「言葉がけ」ではなく、「会話」でありたいと考えています。何が違うのかというと、「言葉がけ」は何となく上から目線のように感じてしまうのです。

「言葉がけ」の場合、指示語や命令語が多くなりますし、「問いかけ」の場合も関係性という面では相手を尊重している言葉とは思えません。それに対して、「会話」を行っている保育者の姿を見ると、いつもしゃがみ込んで子どもの目線にあわせて話をしています。保育室を何気なく見たとき、保育者が立って歩いていない姿に安心感を覚えてしまうというのが正直な気持ちです。

「保育が回る、回らない」という言葉を使う保育者にも、違和感をもってしまいます。主語が保育者になっており、何かをやらせることが目的になっているのでしょう。もし、子どもの生活や取り組みに寄り添っているのであれば、このような言葉が出てくるはずはありません。

子どもの目線で見守る

私自身、これまで保育園と幼稚園の園長職を務めています。その立場で感じることは、子どもの集団規模（クラス定員）が大きくなればなるほど一斉保育（活動主体）となりやすく、子どもへの指示や約束事（ルール）が多くなって、肝心な子どものことが見えなくなってしまうということです。

そのために私たちは、小集団になるように人数の設定を行っているのです。乳児（一人遊びの時期）に対しては遊びのコーナーを充実し、その様子をスタッフがドキュメンテーションして、一人ひとりの声を聞くようにしています。一方、幼児（集団遊びの時期）は、保育者との話し合い（サークルタイム）のうえで、子ども自身がプロジェクトを決めて活動に取り組んでいます。

パイオニアキッズの保育者に伝えている役割を改めて振り返ってみると、「鼻水を拭いてあげて」というひと言に尽きます。抽象的な表現かもしれませんが、子どもたちの鼻水が出ていなかったら保育全般に安心ができますし、鼻の下が汚れていたらとても悲しく、日常の保育が不安になるのです。もちろん、この言葉の背景には、「子どもに寄り添ったかかわり方をしてほしい」、「子どもを大事に思ってほしい」、「一人ひとりをしっかり見てほしい」ということがあります。

私が述べるまでもなく、保育者の役割にはさまざまなことがあるでしょう。その一つ一つに対処するための実用書も出版されているようですが、まずは保育者自身が違和感をもったときにその理由を考えることが重要です。実用書などに頼らずとも、考えることで保育者としての役割を知るきっかけになるはずです。

未来を生きるパイオニアキッズ

二〇二〇年からの新型コロナウィルスが社会に与えた影響は計り知れません。「ニューノーマル」という言葉を社会に定着させ、これまでの生活環境を大きく変えてしまいました。また、気候変動による大雨土砂災害など、これまでの経験に基づく予測が難しい状況ともなっています。その一方で、「人生一〇〇年時代」の到来がマスコミなどで騒がれています。なんか矛盾を感じてしまうわけですが、いずれにしろ未来は加速度的に変化を遂げ、私たちの想像をはるかに超える出来事が待っていることでしょう。

二〇二一年四月に入社した一九九八年生まれの新卒保育者に、生まれた当時に放送されていた広末涼子さんのポケベルのCMを見てもらいました。言うまでもなく、スマホがない時代です。スマホで写真を撮ることもできませんし、音楽を聴くこともできません。SNSでのやり取りもできませんし、動画を視聴することもできない時代です。

新卒保育者に、「あなた方が四月から預かる〇歳の子どもが大人になるころには、今使っているスマホが古めかしいものに感じるでしょうね」と話しました。自分たちが生きてきた時代の教育をベースにして答えを言っても、二〇年後、その答えが正しいかどうかは分かりません。

また未来は、これまで以上に海外の人たちと協働する場面が増えることでしょう。多国籍のプロジェクトチームで仕事をするときには、英語や中国語といった語学力だけでなく、宗教や各国の文化風習など、さまざまなバックグラウンドを理解することがさらに重要となるでしょう。そのような人たちとチームを組むことを想定すれば、可能なかぎり早く民主主義のエッセンスを身につけ、協働して物事に取り組むことが必須となります。

また、未来では知識量が問われることはないでしょう。ＡＩがより身近なものになれば、単なる知識に関することはすべて解決されてしまいます。では、人間に必要とされることは何でしょうか。

それは、多様な人が協働して新たな知恵を生みだし、取り組んでいくことです。このようなことを思い浮かべると、保育者主導の伝統的な保育（教育）手法ではなく、就学前から課題発見や課題解決に取り組める力をもった子どもたちを育成していくことがさらに重要となります。

自分自身が主人公となって人生を生きるために、「自己判断」、「自己決定」、「自己責任」を身につけて主体的に過ごしてほしい。そして、大人の知らない未来をより良く生きるための力を身につけてほしい――このように願って、私たちは園名を「パイオニアキッズ」と名付けました。本書で描かれているスウェーデンの子どもだけでなく、日本においても未来を開拓するのは子どもなのです。このことを、すでに幼児教育に携わっている方だけでなく、これから保育者を目指す方々に対して強調したいです。ぜひとも、「生きる力の基盤をつくる」ための支援をしてあげてください。

訳者あとがき

本書は、『Kan barn förstå vad demokrati är? : inspiration och utveckling i förskolan』（子どもは民主主義とは何かを理解できるか？――就学前学校におけるインスピレーションと発展）の全訳です。民主主義と聞いて、私たちは何か堅苦しいことを想像してしまうかもしれません。ましてや、幼児期の子どもに民主主義が理解できるのだろうか？　と頭をよぎることでしょう。

本書の筆者であるエリザベス・アルネールとソルヴェイ・ソーレマンは、「民主主義に年齢は関係ない」と断言します。そして、「民主主義は日常の保育のなかでこそ実現できる」というメッセージを投げかけています。オムツをどのように替えるのか、給食で何を食べるのか、これまでの規則に従うべきかどうか……保育現場で起こるちょっとしたいざこざは、すべて子どもの声を聴く対話の扉を開く出来事であり、民主主義を促進するチャンスなのです。

昨今、国内外の教育に関する議論では、子どもの資質・能力やコンピテンシーを伸ばすといったことがもてはやされています。一方、著者らは、能力の視点から子どもを見るのではなく、本来、子どもは生まれながらにして十分な価値に満たされた存在であり、声を聴いてもらう権利をもっている存在であると言っています。そして、対話を通して一人ひとりの子どもの声が生活のなかで影響力をもつことができる民主的な社会をつくる責任は大人にある、と言っています。これらのことからして本書は、私たちがどのように子どもとの向きあい方を変えていくことができるのかについて、新しい考えを創発させてくれる一冊になっていると言えます。

本書の刊行にあたっては、実に多くの方々のご協力をいただきました。本書をスウェーデンで見つけてご紹介くださり、翻訳のイニシアティブをとってくださったのは共訳者の伊集守直先生でした。本書の邦訳刊行が実現しましたのも、伊集先生の民主主義教育への思いと翻訳作業のお導きがあったからこそでした。心より感謝を申し上げます。

また、「特別寄稿」として、日本での保育実践について執筆してくださった社会福祉法人調布白雲福祉会理事長の宮武慎一さんに厚く御礼申し上げます。地理的にも文化的にも遠いスウェーデンでの保育実践というイメージを、園における具体的な取り組みと結び付けてくださったことで本書の内容が身近なものとなりました。

そして、スウェーデンから翻訳のご助言やお写真のご提供についてご協力をいただきました高見幸子さん、ならびにご自身の著書から多数の写真を提供くださいました白石淑江先生（愛知淑徳大学）に深く感謝申し上げます。

最後になりますが、企画から加筆・編集の終始にわたってきめ細かな助言をいただき、いつも温かく励ましてくださる株式会社新評論の武市一幸さんに心より御礼を申し上げます。

訳者を代表して　光橋　翠

rekonstruktion av G H Meads teori om människors intersubjektivitet. Göteborg: Daidalos.

筆者たちがインスピレーションを受けた文献一覧

- Dahlberg, Gunilla; Moss, Peter & Pence, Alan [2002] *Från kvalitet till meningsskapande. Postmoderna perspektiv – exemplet förskolan*. Stockholm: HLS förlag.
- Dewey, John [1916/1999] *Demokrati och utbildning*. Göteborg: Daidalos.（『民主主義と教育』河村望訳、人間の科学新社、2017年）
- Englundh, Elizabeth [2009] *Barnets bästa i främsa rummet – en pedagogisk utmaning?* Stockholm: Liber.
- Gars, Christina [2002] Delad vårdnad. Föräldraskap och förskollärаruppgift i den offentliga barndomen. *Studies in Educational Sciences,* 54.
- Green, Jenny [2007] *Etik i pedagogens vardagsarbete*. Stockholm: Liber.
- Hammarberg, Thomas [1994] *Barnet och den politiska viljan*. Stockholm: Rädda Barnen.
- Hägglund, Solveig; Quennerstedt, Ann: Thelander, Nina [2013] *Barns och ungas rättigheter i utbildning*. Malmö: Gleerups Utbildning AB.
- Rädda Barnen [1994] Respekt för barnet. Stockholm: Rädda Barnen.
- Sommer, Dion; Pramling Samuelsson, Ingrid & Hundeide, Karsten [2011] *Barnperspektiv och barnens perspektiv i teori och praktik*. Stockholm: Liber.
- Säljö, Roger [2000] *Lärande i praktiken. Ett sociokultuellt perspektiv*. Stockholm: Prisma.

- Lenz Taguchi, Hillevi [2000] *Emancipation och motstånd, dokumentation och kooperativa läroprocesser i förskolan.* Stockholm: HLS förlag.
- *Lpfö 98, rev. 2010, läroplan för förskolan,* Stockholm: Utbildningsdepartmentet.
- Markström, Ann-Marie [2005] Förskolan som normaliseringspraktik - en etnografisk studie. Linköping: *Studies in Pedagogic Practices.* 1, 2005.
- Mathiasson, Leif (red.) [2004] *Janusz Korczak och barnens värld.* Lund: Studentlitteratur.
- Palla, Linda [2011] Med blicken på barnet. Om olikheter inom förskolan som diskursiv praktik. Malmö: *Studies in Educational Sciences No. 63.*
- Sigsgaard, Erik [2003] *Utskälld.* Stockholm: Liber.
- Skolverket [2011] *Läroplan för grundkolan, förskoleklassen och fritidshemmet.* Stockholm: Fritzes.
- Smidt, Sandra [2010] *Vygotskij och de små och yngre barnens lärande.* Lund: Studentlitteratur.
- Sommer, Dion [2005] *Barndomspsykologi, utveckling i en förändrad värld.* Stockholm: Runa förlag.
- SOU [1997] 116. *Barnets bästa i främsta rummet.* FN:s konvention om barnets rättigheter i Sverige. Stockholm: Socialdepartmentet.
- SOU [2000] 1. *En uthållig demokrati! Politik för folkstyrelse på 2000-talet.* Stockholm: Justitiedepartmentet.
- Tellgren, Britt [2004] *Förskolan som mötesplats. Barns strategier för tillträden och uteslutningar i lek och samtal.* Örebro: Pedagogiska institutionen, Örebro universitet. Licentiataavhandling, 2004:2.
- von Wright, Moira [2000] *Vad eller vem? En pedagogisk*

参考文献一覧

・Arnér, Elisabeth [2009] *Barns inflytande i förskolan - en fråga om demokrati*. Lund: Studentlitteratur.

・Arnér, Elisabeth & Tellgren, Britt [1998] *Barns syn på vuxna. Samtalets betydelse för att finna och förstå barns perspektiv*. Lund: Studentlitteratur.

・Bråten, Ivar (red.) [2000] *Vygotskij och padagogiken*. Lund: Studentlitteratur.

・Colnerud, Gunnel & Granström, Kjell [2002] *Respekt för läraryrket. Om lärares yrkesspråk och yrkesetik*. Stockholm: HLS förlag.

・Danielsson, Tage [1965] *Tage Danielssons postilla*. Stockholm: Wahlström & Widstrand.

・Ekelund, Gabriella [2011] *Jakten på demokrati i förskolan*. Stockholm: Sveriges Utbildningsradio AB.

・Englund, Tomas [1986] *Samhällsorientering och medborgarfostran i svensk skolan under 1900-talet*. Uppsala: Pedagogiska institutionen, Uppsala universitet. *Pedagogisk forskning i Uppsala,* s. 65-66.

・Gustafsson, Lars H. [2011] *Förskolebarnets mänskliga rättigheter*. Lund: Studentlitteratur.

・Göhl-Muigai, Ann-Kristin [2004] *Talet om ansvar i förskolans styrdokument 1945-1998*. Örebro Studies in Education 8.

・Johansson, Eva [2001] *Små barns etik*. Stockholm: Liber.

・Johansson, Eva & Pramling Samuelsson, Ingrid [2007] *"Att lära är nästan som att leka"*. Stockholm: Liber.

・Korczak, Janusz [1929/1988] *Barnens rätt till respekt,* i översättning av RosMari Hartman. Stockholm: Natur & Kultur.

訳者紹介

伊集守直（いじゅう・もりなお）
1975年生まれ。
横浜国立大学大学院国際社会科学研究院国際社会科学部門教授
研究分野は財政学、地方財政論
共著書として、『危機と再建の比較財政史』（井手英策編、ミネルヴァ書房、2013年）がある。

光橋翠（みつはし・みどり）

1996年、国際基督教大学（国際関係学科）に入学。

2002年、東京大学大学院新領域創成科学研究科にて修士号を取得。

現在、お茶の水女子大学大学院人間発達科学専攻保育・児童学領域博士後期課程に在籍中。

編著書として、『幼児のための環境教育――スウェーデンからの贈りもの「森のムッレ教室」』（新評論、2007年）がある。

訳書として、『世界平和への冒険旅行――ダグ・ハマーショルドと国連の未来』（新評論、2013年）、『世界を治療する――ファーマーから次世代へのメッセージ』（新評論、2016年）、『スウェーデンにおける野外保育のすべて――「森のムッレ教室」を取り入れた保育実践』（新評論、2019年、共訳）がある。

幼児から民主主義
――スウェーデンの保育実践に学ぶ――

2021年9月15日　初版第1刷発行

訳者　伊集守直
　　　光橋翠

発行者　武市一幸

発行所　株式会社　新評論

〒169-0051
東京都新宿区西早稲田 3-16-28
http://www.shinhyoron.co.jp

電話　03(3202)7391
FAX　03(3202)5832
振替・00160-1-113487

落丁・乱丁はお取り替えします。

定価はカバーに表示してあります。

印刷　フォレスト
装丁　星野文子
製本　中永製本所

Printed in Japan
ISBN978-4-7948-1191-2